Peter Michel • Das große illustrierte Aura-Buch

Peter Michel

Das große illustrierte

AURA
BUCH

Aquamarin Verlag

Impressum

© 2004
Aquamarin Verlag
Voglherd 1 • D-85567 Grafing

Gestaltung: Annette Wagner

ISBN 3-89427-265-1

gedruckt in Leipzig

Inhalt

die seitdem vergangen sind, lassen sich eine Reihe von Veröffentlichungen finden, die in der Tradition dieser beiden „Stammväter" der Aura-Forschung stehen.

Die hier vorgelegten Ergebnisse stützen sich weitgehend auf die Tradition Leadbeaters, basieren also auf Schauungen hellsichtig begabter Menschen. Interessanterweise standen alle Autoren, die nachfolgend zu Wort kommen sollen, in einer speziellen Verbindung zu Leadbeater. Die auf Java geborene Dora Kunz (1904-1999) war bereits als junges Mädchen Leadbeaters persönliche Sekretärin und entwickelte in ihren jahrzehntelangen Forschungen seine Arbeit weiter. Der Engländer Geoffrey Hodson, ein Weggefährte Leadbeaters, setzte die anglikanische Tradition der Aura-Forschung fort, die im weiteren Verlauf erstaunlicherweise eine Reihe von deutschen Namen aufweist.

Zur selben Zeit, während Leadbeater bei einem indischen Lehrer in der Nähe von Madras studierte, weilte auch der deutsche Arzt Franz Hartmann (1838-1912) dort. Selbst über seherische Fähigkeiten verfügend, fand er in Deutschland in dem jungen Goldschmied Erhard Bäzner (1887-1963) einen kongenialen Schüler, der später sein Werk fortsetzen sollte. Bäzner besaß einen Freund in dem Maler Franz Wenzel, der es vermochte, seine Schauungen künstlerisch umzusetzen, so dass die Schönheit einer lichteren Welt aus seinen Bilder hervorleuchtete.

Hartmann starb am 7. August 1912 in Kempten, und wie der 'Zufall' es will, arbeitet die vielleicht begabteste Aura-Forscherin der Gegenwart, Manuela Oetinger, ebenfalls in einer Praxis in Kempten. Mit ihr, die gerade den Arbeiten Leadbeaters Hochachtung zollt, schließt sich vorerst die Kette.

Alle Genannten zeichnet vor allem eines aus – sie schildern Erfahrungen aus erster Hand! Eine Unzahl von „Aura-Büchern" ist im Verlauf der so genannten „New-Age-Welle" gerade dadurch charakterisiert, dass sie Abschriften von Abschriften darstellen. So stehen manche Autoren auf den Schultern von Leadbeater, ohne vielleicht jemals seinen Namen gehört zu haben. Hier jedoch sollen nur Autoren in Wort und Bild zitiert werden, deren seherische Fähigkeiten und deren untadeliger Charakter von niemandem bezweifelt wird, der sie näher kannte. Aufgrund ihrer Wahrnehmungen und der beeindruckenden Arbeiten jener Künstler, die diese Wahrnehmungen auf die Leinwand brachten, konnte die geheimnisvolle Welt des Feinstofflichen ein wenig entschleiert werden.

8

Inhalt

Einleitung

Die Entdeckung der Aura ist keine Errungenschaft der Neuzeit. Schon in den Mysterienschulen Ägyptens und in der griechischen Antike kannte man die Ausstrahlung um alle belebten Wesen. Später übernahm die frühchristliche Heiligenmalerei (Aureole) diese Vorstellung, und auch die „Gloriola" der römischen Kaiser verweist auf dasselbe Phänomen. Wenn man einmal davon ausgeht, dass nicht alle diese historischen Fälle auf simpler Einbildung oder bloßer Nachahmung beruhen, dann war es offensichtlich zu allen Zeiten bestimmten besonders begabten Menschen möglich, Erscheinungen wahrzunehmen, die jenseits des normalen Sehvermögens anzusiedeln sind.

Gleiches wie für die Aura gilt auch für die Idee höherer, feinstofflicher Körper des Menschen, gleichsam Zwischenglieder zwischen Körper und Geistseele. Die eingeweihten Ägypter wussten um das „Ka", mit dem der Initiierte seine physische Hülle verlassen konnte, um in die Zwischenwelten zu reisen. Die indische Metaphysik kannte ätherische und astrale Körper ebenso wie die jüdische Kabbala. Im Mittelalter taucht die Vorstellung vom „Astralleib" auch im Abendland auf, etwa in den Schriften von Paracelsus. Wie unterschiedlich die jeweiligen Traditionen, in denen diese Vorstellungen nachzuweisen sind, auch sein mögen, grundsätzlich ist ihnen allen der Glaube an eine höhere Wirklichkeit zu eigen, die den Menschen nach seinem Erdentod erwartet, in die er aber, unter gewissen Voraussetzungen, bereits während seines Erdenlebens Zutritt erhalten kann. Diese höhere oder lichtere Welt umhüllt oder durchdringt die physische und kann, ebenfalls nur unter gewissen spirituellen Voraussetzungen, auch bereits während des Erdenlebens wahrgenommen werden.

In der Neuzeit beginnt die moderne Aura-Forschung am Anfang des 20. Jahrhunderts. Sie ist vorrangig mit zwei Namen verknüpft, die gleichsam bis heute stellvertretend für zwei Vorgehensweisen stehen. Zum einen handelt es sich um den Hellseher Charles W. Leadbeater (1854-1934), zum anderen um den Arzt Walter J. Kilner (1847-1920). Während Leadbeater mehrere Werke über seine Schauungen und hellsichtigen Beobachtungen veröffentlichte, publizierte Kilner 1911 ein erstes Werk, das sich einer wissenschaftlichen Erforschung der Aura widmete. In den knapp einhundert Jahren, die seitdem vergangen sind, lassen sich eine Reihe von Veröffentlichungen finden, die in der Tradition dieser beiden „Stammväter" der Aura-Forschung stehen.

Die hier vorgelegten Ergebnisse stützen sich weitgehend auf die Tradition Leadbeaters, basieren also auf Schauungen hellsichtig begabter Menschen. Interessanterweise standen alle Autoren, die nachfolgend zu Wort kommen sollen, in einer speziellen Verbindung zu Leadbeater. Die auf Java geborene Dora Kunz (1904-1999) war bereits als junges Mädchen Leadbeaters persönliche Sekretärin und entwickelte in ihren jahrzehntelangen Forschungen seine Arbeit weiter. Der Engländer Geoffrey Hodson, ein Weggefährte Leadbeaters, setzte die anglikanische Tradition der Aura-Forschung fort, die im weiteren Verlauf erstaunlicherweise eine Reihe von deutschen Namen aufweist.

Zur selben Zeit, während Leadbeater bei einem indischen Lehrer in der Nähe von Madras studierte, weilte auch der deutsche Arzt Franz Hartmann (1838-1912) dort. Selbst über seherische Fähigkeiten verfügend, fand er in Deutschland in dem jungen Goldschmied Erhard Bäzner (1887-1963) einen kongenialen Schüler, der später sein Werk fortsetzen sollte. Bäzner besaß einen Freund in dem Maler Franz Wenzel, der es vermochte, seine Schauungen künstlerisch umzusetzen, so dass die Schönheit einer lichteren Welt aus seinen Bilder hervorleuchtete.

Hartmann starb am 7. August 1912 in Kempten, und wie der 'Zufall' es will, arbeitet die vielleicht begabteste Aura-Forscherin der Gegenwart, Manuela Oetinger, ebenfalls in einer Praxis in Kempten. Mit ihr, die gerade den Arbeiten Leadbeaters Hochachtung zollt, schließt sich vorerst die Kette.

Alle Genannten zeichnet vor allem eines aus – sie schildern Erfahrungen aus erster Hand! Eine Unzahl von „Aura-Büchern" ist im Verlauf der so genannten „New-Age-Welle" gerade dadurch charakterisiert, dass sie Abschriften von Abschriften darstellen. So stehen manche Autoren auf den Schultern von Leadbeater, ohne vielleicht jemals seinen Namen gehört zu haben. Hier jedoch sollen nur Autoren in Wort und Bild zitiert werden, deren seherische Fähigkeiten und deren untadeliger Charakter von niemandem bezweifelt wird, der sie näher kannte. Aufgrund ihrer Wahrnehmungen und der beeindruckenden Arbeiten jener Künstler, die diese Wahrnehmungen auf die Leinwand brachten, konnte die geheimnisvolle Welt des Feinstofflichen ein wenig entschleiert werden.

Der sichtbare und der unsichtbare Mensch 1

Die hermetische Philosophie geht davon aus, dass der Mensch nicht mit seinem physischen Körper identifiziert werden darf, sondern in Wahrheit eine Siebenheit bildet. Neben seiner physischen Hülle verfügt er noch über einen Äther-, einen Astral-, einen Mental- und einen Kausalkörper, die sich mit Seele und Geist zum vollkommenen Menschen zusammenfügen. Die wahre Aura des Menschen reicht also weit über jenes zarte Energiefeld hinaus, das den Ätherkörper bildet und in wissenschaftlich-technischen Untersuchungen, etwa bei der Kirlian-Photographie, allgemein mit diesem Begriff bezeichnet wird.

Jede der sieben Ebenen des Menschen, vom Erdenleib bis zum göttlichen Geistfunken, verfügt über eine spezielle Ausstrahlung, die jeweils die Aura der betreffenden Ebene genannt werden kann. Dabei leuchtet problemlos ein, dass die Farben und Formen der aurischen Ausstrahlung schöner und leuchtender werden, je höher die Ebene ist. Die Aura eines großen spirituellen Lehrers wird sowohl in ihrer Strahlkraft als auch in ihren Gedankenformen signifikant unterschieden sein von jener eines egoistischen oder gewaltbereiten Menschen. Die Erklärungen der folgenden Abbildungen werden dies leicht nachvollziehbar dokumentieren.

Über das Scheitel-Chakra ist der Mensch mit seinen höheren Körpern und der göttlichen Quelle allen Lebens verbunden.

Abbildung 1 Die sieben Chakras

Wenn man über die menschliche Aura spricht, spielen auch die Energiezentren des menschlichen Körpers eine Rolle, die, gemäß der indischen Tradition, auch im Westen „Chakras" genannt werden. Es bietet sich daher an, als Einstieg in die Thematik, einen Blick auf den Ätherkörper des Menschen und seine Chakras zu werfen.

Die abendländische wie die asiatische Tradition geht von sieben Haupt-Chakras in den feinstofflichen Körpern des Menschen aus, die in der Regel als Wurzel-, Nabel-, Milz-, Herz-, Kehlkopf-, Stirn- und Scheitel-Chakra bezeichnet werden. Die abgebildete Zeichnung folgt exakt dieser Systematik, die allerdings in einigen Schulen in einem Aspekt abweichend betrachtet wird. Das Milz-Chakra wird von diesen als Neben-Chakra betrachtet. Stattdessen sehen sie das so genannte „Sakral-Chakra", eine Handbreit über dem Wurzel-Chakra gelegen, als Haupt-Chakra an. Die Mehrheit der Forscher sieht es genau umgedreht. Der große deutsche Buddhist Lama Anagarika Govinda weist in diesem Zusammenhang wahrscheinlich zutreffend darauf hin, dass der Unterschied sich relativ leicht dadurch erklärt, dass zahlreiche asiatische Traditionen weitgehend Mönchstraditionen waren, in denen Zölibatsgelübde eine Rolle spielten. Da das Sakral-Chakra jedoch im Zusammenhang mit der Entfaltung der Sexualkraft steht, leuchtet es ein, wenn dieses bei den Mönchen oder Nonnen in der Regel weniger stark entfaltet ist.

Bei einem vollkommen entwickelten Menschen rotieren die Chakras wie funkelnde Lichträder und transportieren die Lebensenergie in harmonischer Weise durch alle Träger des Bewusstseins. Die ätherische Aura glänzt in einem silbrigen Schimmer und weist keinerlei gesundheitliche Beeinträchtigung auf.

Über das Scheitel-Chakra ist der Mensch mit seinen höheren Körpern und der göttlichen Quelle allen Lebens verbunden.

Die Lotosblüte ist ein archetypisches Symbol für den Aufstieg der Seele aus dem Unbewussten, dem Wasser, zur erwachten, lichterfüllten Göttlichkeit.

Die Lotosblüte ist ein archetypisches Symbol für den Aufstieg der Seele aus dem Unbewussten, dem Wasser, zur erwachten, lichterfüllten Göttlichkeit. Der geistig Strebende muss die Lebenskraft aus dem Wurzel-Chakra empor zum Scheitel-Chakra führen und so Erde und Himmel verbinden.

Die Lebenskraft, in der östlichen Tradition Kundalini genannt, strömt auf drei Bahnen, die am Rückenmark entlang führen, dem Scheitel-Chakra entgegen. Wenn es dem Meditierenden gelingt, sie dort zu vereinen, vermag das göttliche Licht in ihn einzutreten.

Auf dem Bild sieht man deutlich die im Mittelkanal aufsteigende Kundalini, die bereits im Scheitel-Chakra angelangt ist. Sie hat auf ihrem Weg nach oben alle anderen Zentren aktiviert, so dass dieser Mensch in sich ausgewogen ist und den Einstrom kosmischer Lichtkräfte nicht unvorbereitet erwarten muss. Für den Hellsichtigen zeigen sich die Chakras, wenn sie voll ausgebildet sind, wie schnell drehenden Flammenräder, während sie im unentwickelten Zustand eher verschlossenen Blütenknospen gleichen.

Abbildung 2 Die Aura eines meditierenden Yogi

Der auf dieser Zeichnung abgebildete Yogi schwingt
im Einklang mit dem Universum. Er hat seinen inneren
Gottesfunken erweckt und vermag so das herabströmende
Licht des EINEN GEISTES zu empfangen.

Betrachtet man die gegenwärtige Menschheit, so wird man zweifelsfrei feststellen können, dass der überwiegende Teil sein Leben aus seinen Gefühlen heraus lebt. Die esoterische Philosophie würde dies mit den Worten charakterisieren, jene Menschen seien „astral polarisiert". Sie führen ein Leben unter der Herrschaft ihres Astralkörpers.

Der hellsichtigen Beobachtung zeigen sich daher im Astralen die unterschiedlichen Gefühlsaufwallungen in signifikanter Form, da sich alle emotionalen Erregungen sowohl durch Form als auch durch Farbe ausdrücken. Die Abbildung 3 zeigt die spontanen, reinen und selbstlosen Liebesgefühle einer Mutter zu ihrem Kind. Charles W. Leadbeater, der diese Beobachtungen machen konnte, unterteilt sie in vier gesonderte Erscheinungen.

1) Es zeigen sich bestimmte Windungen und Wirbel, die genau abgegrenzt sind und gleichsam aus festem Stoff zu bestehen scheinen. Sie leuchten von innen heraus ausgesprochen lebhaft. Jede einzelne ist eine Gedankenform, die von einem tiefen Gefühl hervorgebracht wurde und vom Astralkörper ausgehend auf die Person zustrebt, auf welche die Gefühle ausgerichtet sind. Es ist an dieser Stelle vielleicht hilfreich zu betonen, dass es sich hier auf einer feinstofflichen Ebene um reale Kräfte handelt. Gefühle und Gedanken sind machtvolle und überaus wirksame Energien – für den Absender wie für den Empfänger!

2) Der Astralkörper ist von horizontalen Linien rötlichen Lichtes durchzogen, die aber keineswegs statisch sind, sondern sich dem Beobachter als schnell pulsierende Lichtbahnen darstellen.

3) Eine Art rosenfarbigen Schleiers bedeckt die gesamte Oberfläche des Astralkörpers, so dass sein inneres Wesen so erscheint, als ob er durch eine rötlich gefärbte Brille betrachtet würde.

4) Ein purpurfarbenes Rot durchzieht das ganze Oval des Astralkörpers und mischt sich mit sämtlichen anderen Farbschattierungen, dabei kleine, flockenartige Schäfchenwolken bildend.

Abbildung 3 Intensive Liebesgefühle

Die Darstellung bildet eine Momentaufnahme ab, da das ganze Geschehen in der Regel nur einige Sekunden in Anspruch nimmt, dann zeigt die Astral-Aura wieder ihre ursprüngliche Form. Doch jede dieser Liebesaufwallungen bewirkt eine kleine Veränderung der Persönlichkeit hin zu einem besseren, liebevolleren Menschen, was sich für den Hellseher in der Veränderung von Form und Farbe der Aura ausdrückt.

Diese reine Liebesempfindung, die ja in der Regel auf ein Gegenüber ausgerichtet ist, transformiert jedoch nicht nur den Absender, sondern berührt und verwandelt auch die Aura dessen, auf den die Gefühle gerichtet sind. Auch der Empfänger erfährt so eine Erhöhung seines Schwingungsrhythmus und seiner geistig-seelischen Harmonie. Leadbeater drückt dieses Geschehen sehr schön mit den Worten aus: „Liebe erzeugt Liebe, und einen Menschen zu lieben, heißt ihn besser zu machen, als er sonst sein würde."

Die Abbildung 4 zeigt eine Nonne, die sich im Zustand religiöser Kontemplation befand. Ähnlich wie bei den Liebesempfindungen auf der Abbildung 3 zeigen sich Wirbel, Linien und Wolkenformen, was nicht verwundert, da die menschliche Liebe zu einer religiösen gewechselt hat, aber in ihrer Essenz keine tiefgreifende Veränderung eingetreten ist.

Der dominierende blaue Farbton zeigt in der Regel immer ein ausgeprägtes religiöses Gefühl an, weshalb er häufig in Kirchen oder Tempeln zu beobachten ist, an Orten der Andacht oder Versenkung.

Die Ausprägung der Formen in der Astral-Aura hängt auch im Falle religiöser Hinwendung von der Reinheit des Betenden oder Meditierenden beziehungsweise von seinem geistigen Verständnis ab. Handelt es sich nur um ein allgemeines religiöses Gefühl, werden die sich bildenden Formen eher diffus und ohne klare Konturen sein. Ist dagegen die Kontemplation von einem tiefen Verstehen und bewusster Hingabe geprägt, wird die Aura von harmonischen Gedankenformen und hinzukommenden goldgelben Farbschattierungen charakterisiert sein.

Abbildung 4 Religiöse Gefühle

Abbildung 5 Furcht

Gefühle von Furcht, Angst oder Panik hinterlassen im Astralkörper eine heftige Wirkung. Ein plötzliches Erschrecken umhüllt die Astral-Aura sofort mit einem fahlgrauen Nebel und ebensolchen horizontalen Linien, die mit einer solchen Geschwindigkeit vibrieren, dass sie kaum als getrennte Linien auszumachen sind. Die Aura bietet in solchen Schreckensmomenten ein ausgesprochen unschönes Bild.

Die Abbildung 5 zeigt, dass alle Lichtkraft aus den Farben verschwunden ist. Die von trüben Grautönen dominierte Aura wirkt dabei, als ob sie erzittern würde, gleich einer instabilen Gallertmasse.

Ist diese aurische Veränderung auf ein plötzliches Erschrecken zurückzuführen, wird sie sich nach kurzer Zeit wieder normalisieren; herrscht bei einem Menschen allerdings ein andauernder Zustand von Furcht und Nervosität vor, kann sich diese Graufärbung als bleibende Trübung der Aura festsetzen.

Eine depressiver Mensch könne die Welt nicht mehr verändern, sagte einmal der Dalai Lama. Wenn man sich die Abbildung 6 betrachtet, die einen Menschen im Zustand tiefer Niedergeschlagenheit zeigt, so ist unschwer erkennbar, dass sämtliche Antriebskräfte und alle Lebensfreude geschwunden sind. Die grauen Streifen der Schwermütigkeit hüllen den Menschen wie ein Gefängnisgitter ein, mit dem er sich vor der Welt verschließt. Die Farben zeigen den Trübsinn und die innere Traurigkeit des Betreffenden an. Alle Lichtkräfte prallen an dieser selbsterrichteten Mauer ab und können nur durch eine innere Veränderung wieder Zugang erhalten.

Zu der Schädigung der eigenen Persönlichkeit, die sich von aller Inspiration abgeschottet hat, kommt allerdings erschwerend noch hinzu, dass diese depressive Grundhaltung Auswirkungen auf die Umgebung zeitigt. Leadbeater weist darauf hin, „dass kein Seelenzustand so ansteckend ist wie Niedergeschlagenheit. Ihre Schwingungen verbreiten sich nach allen Richtungen, und ihre hemmenden, erschlaffenden Wirkungen durchdringen jeden Astralkörper in ihrer Nähe, gleichviel ob dessen Ego inkarniert ist oder nicht. Der Mensch, der sich der Verzweiflung hingibt, ist also eine Gefahr für Lebende und Tote."

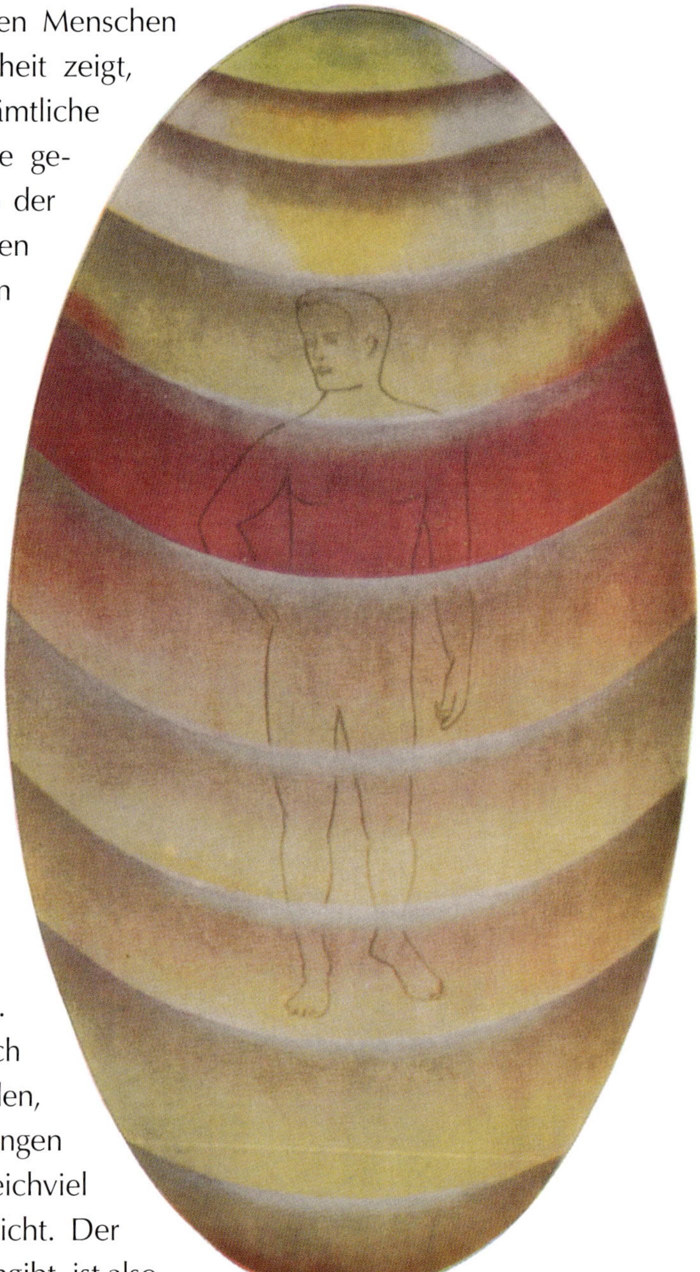

Abbildung 6 Depression

Um dieses individuelle wie gesellschaftliche Übel zu beseitigen, kann es nur einen Weg geben – aus der selbstgewählten Isolation heraus zu einem Leben des Mitgefühls und der tätigen Nächstenliebe. Dora Kunz nannte die Depression einmal eine „Feld-Krankheit". Das Umfeld des depressiven Menschen spielt also eine erhebliche Rolle. Kommt es hier zu einer radikalen Veränderung, kann bereits der erste Schritt hin zur Heilung getan sein.

> *„Ein depressiver Mensch kann die Welt nicht mehr verändern."*
>
> S.H. d. 14. Dalai Lama

Der physische Körper ist nur das äußere, sichtbare Gewand eines Menschen. Wenn der Zeitpunkt gekommen ist, diese für die Dauer eines Erdenlebens angenommene Hülle zu verlassen, bereiten sich die feinstofflichen Körper allmählich darauf vor, Schritt für Schritt die materielle Ebene zu verlassen.

Abbildung 7 Loslösung des Astralkörpers

Die Abbildung 7 zeigt eine sterbende Frau. Ihre drei unteren Chakras sind bereits erloschen, während die oberen vier noch mit verstärkter Anstrengung ihren Dienst erfüllen. Die Lebenskraft fließt nur noch vom Herz-Chakra an aufwärts und beginnt bereits, eine neue Form (Spirale) zu bilden.

Bereits einige Zeit vor dem Übergang in eine höhere Wirklichkeit, der so unrichtig als „Tod" bezeichnet wird, zeigen sich in der Aura signifikante Veränderungen. Die Farben werden allmählich blasser, und die Lebenskraft nimmt erkennbar ab. Allmählich verstärkt sich das ätherische Band, die „Silberschnur", die an der linken Körperseite austritt und sich in Form einer Spirale um den Kopf des Sterbenden rollt. Durch eine zweite, innere Spirale lösen sich Äther- und Astralkörper behutsam aus der physischen Hülle.

Die Aktivitäten der vier oberen Chakras zeigen an, dass die Sterbende noch immer bei Bewusstsein ist. Sie nimmt alles wahr, was um sie herum vor sich geht. Daher können Freunde oder Verwandte in diesen wichtigen Augenblicken das abwickeln, was die große Sterbeforscherin Elisabeth Kübler-Ross als die *unerledigten Geschäfte* bezeichnete. In diesen letzten Lebensaugenblicken kann vergeben und verziehen werden, so dass karmische Bänder noch kurz vor dem Abschluss einer Inkarnation gelöst werden können.

Der Sterbende ist zu diesem Zeitpunkt bereits Bürger zweier Welten – der diesseitigen und der jenseitigen.

Die Abbildung 8 zeigt den weiteren Verlauf des Sterbevorganges. Noch immer sind die vier oberen Chakras aktiv, aber die Lebenskraft hat weiter abgenommen. Nur noch ein zarter rosafarbener Schimmer umhüllt die Sterbende. Die Doppelspirale

Abbildung 8 Der Übergang

über dem Kopf hat sich gelöst, und die Silberschnur bildet über dem Körper der Frau eine weiträumige, in die Breite gezogene Spirale. In ihrem Inneren hat sich eine eiförmige blaue Wolke gebildet, die einen knappen Meter über der Körpermitte schwebt.

Da es sich bei der sterbenden Frau um eine geistig fortgeschrittene Persönlichkeit handelt, zeigt die Wolke eine schöne himmelblaue Färbung sowie harmonische Farbtöne im weiteren Umkreis der Spirale.

Der Sterbevorgang ist in seine letzte Stufe eingetreten, und die höheren Körper können sich jetzt schrittweise aus der abgelegten Körperhülle befreien.

Abbildung 9 Die Lösung der Silberschnur

Die drei oberen Chakras sind nunmehr erloschen, nur das Herz-Chakra übt noch seine Tätigkeit aus. In der Spirale hat sich bereits die feinstoffliche Form der Sterbenden gebildet. Das Gehirn hat seine Tätigkeit eingestellt und das Bewusstsein sich bereits in den Astralkörper verlagert. Dieses Geschehen dauert im Normalfall etwa eine halbe Stunde, kann sich aber bei Menschen, die unter großer Todesangst leiden und sich nicht von der Erdenebene lösen können, erheblich länger hinziehen.

Die Abbildung 9 zeigt an, dass die Silberschnur nur noch mit dem Herz-Chakra verbunden ist. Erst im Augenblick des Todes reißt auch diese letzte Verbindung des

Astralkörpers mit der physischen Hülle. In der Regel vollzieht der Schutzengel des Sterbenden diesen letzten Schritt, so wie er auch der inkarnierenden Wesenheit als Letzter das Tor zu einem neuen Erdenleben öffnet.

Der Sterbevorgang ist kein dramatisches Geschehen, sondern gleicht dem Vorgang des Einschlafens, mit dem einzigen Unterschied, dass es diesmal kein neues Erwachen in der Körperhülle gibt. Das Bewusstsein hat sich auf eine höhere Ebene verlagert, und die 'Verstorbene' erschaut eine neue Welt mit geistigen Augen!

Die höheren Körper 2

Gemäß der esoterischen Philosophie besteht der Mensch aus einer Siebenheit. Neben dem physischen Körper verfügt er noch über einen Äther-, einen Astral-, einen Mental- und einen Kausalkörper, die zusammen mit Seele und Geist die Siebenstufigkeit des Menschen ergibt. Die beste Veröffentlichung zu diesem Themenkomplex stellt das vierbändige Werk von Arthur E. Powell dar, in dem er jeden einzelnen Körper ausführlich behandelt. Seine epochale Arbeit sowie die Forschungen von Charles W. Leadbeater und Erhard Bäzner bilden die Grundlage für die nachstehenden Ausführungen über die höheren Körper des Menschen.

Der Ätherkörper

Beim Ätherkörper handelt es sich nicht im eigentlichen Sinne um einen Bewusstseinsträger, sondern die Ätherhülle nimmt die der Sonne entströmende Vitalkraft auf und verteilt diese. Der Ätherkörper spielt daher eine entscheidende Rolle für die physische Gesundheit eines Menschen. Er weist eigene Chakras aus, die jeweils bestimmte Funktionen für die körperlichen Prozesse übernehmen. Die östliche Philosophie nannte den Ätherkörper *Pranamayakosha*, um die Bedeutung für die Lebenskraft (Prana) hervorzuheben.

Im Falle einer Operation wird der Ätherkörper durch die Narkose aus dem physischen Körper gedrängt, legt sich über den Astralkörper und dämpft damit auch dessen Wahrnehmungsvermögen ab. Lässt die Wirkung der Betäubung nach, nimmt die Ätherhülle allmählich wieder Besitz von ihrem physischen Körper.

Die hellsichtige Beobachtung nimmt den Ätherkörper als schwach leuchtenden, grauvioletten Nebel wahr, der alle Teile des physischen Körpers durchdringt, aber nicht weit über ihn hinausragt. Der Ätherkörper bildet, neben seiner Funktion als Träger der Lebenskraft, das Bindeglied zwischen dem physischen und dem Astralkörper. Die Lebenskraft strömt auf den Menschen von der Sonne herab. Er lässt in seiner Vitalität schrittweise nach, wenn er über lange Zeit keinerlei belebenden Einfluss von der Sonne erhält. Nach Leadbeaters Auffassung kommt vor allem dem ätherischen Gegenstück der Milz die Aufgabe zu, die feinstoffliche Lebensenergie im Ätherkörper zu verteilen, von wo aus sie dann weitergeleitet wird.

Es bedarf keiner hellsichtigen Fähigkeiten, um die Wirkung der Lebenskraft zu erkennen. Jeder Mensch ist schon dem Phänomen begegnet, dass er nach den Besuchen einer bestimmten Person immer wieder Zeichen von Erschöpfung zeigte. Diese Person wirkte unwissentlich als „Schwamm", der die Lebensenergie anderer Menschen aufsaugt, um somit die eigene Schwäche zu kompensieren. Im Gegensatz dazu gibt es auch die „Kraftwerke", Menschen, die über eine schier unbegrenzte Vitalität zu verfügen scheinen und in deren Gegenwart man sich geradezu „aufgeladen" fühlt. Beide Erscheinungen hängen ausschließlich mit der geringen oder starken Vitalität des Ätherkörpers des Betreffenden zusammen.

Dieser nahezu rein physische Teil der menschlichen Aura wird auch als „Gesundheitsaura" bezeichnet, weil er ein präziser Ausdruck oder eine genaue Widerspiegelung der menschlichen Gesundheit ist. Diese Ätherhülle zeigt sich in einem blassen, bläulichen Weiß. Sie ist nahezu farblos und erscheint gestreift, da sie aus einer zahllosen Schar feiner Strahlen besteht, die von den Poren des Körpers nach allen Seiten ausströmen. Bei vollkommener Gesundheit zeigen sich diese Streifen geradezu parallel, entsprechend ihrer Stellung zum Körper. Tritt jedoch eine Krankheit ein, verändern sich die Strahlen im erkrankten Bereich. Sie geraten in Unordnung, überkreuzen sich und senken sich herab, gleich den Köpfen und Blättern verwelkender Blumen.

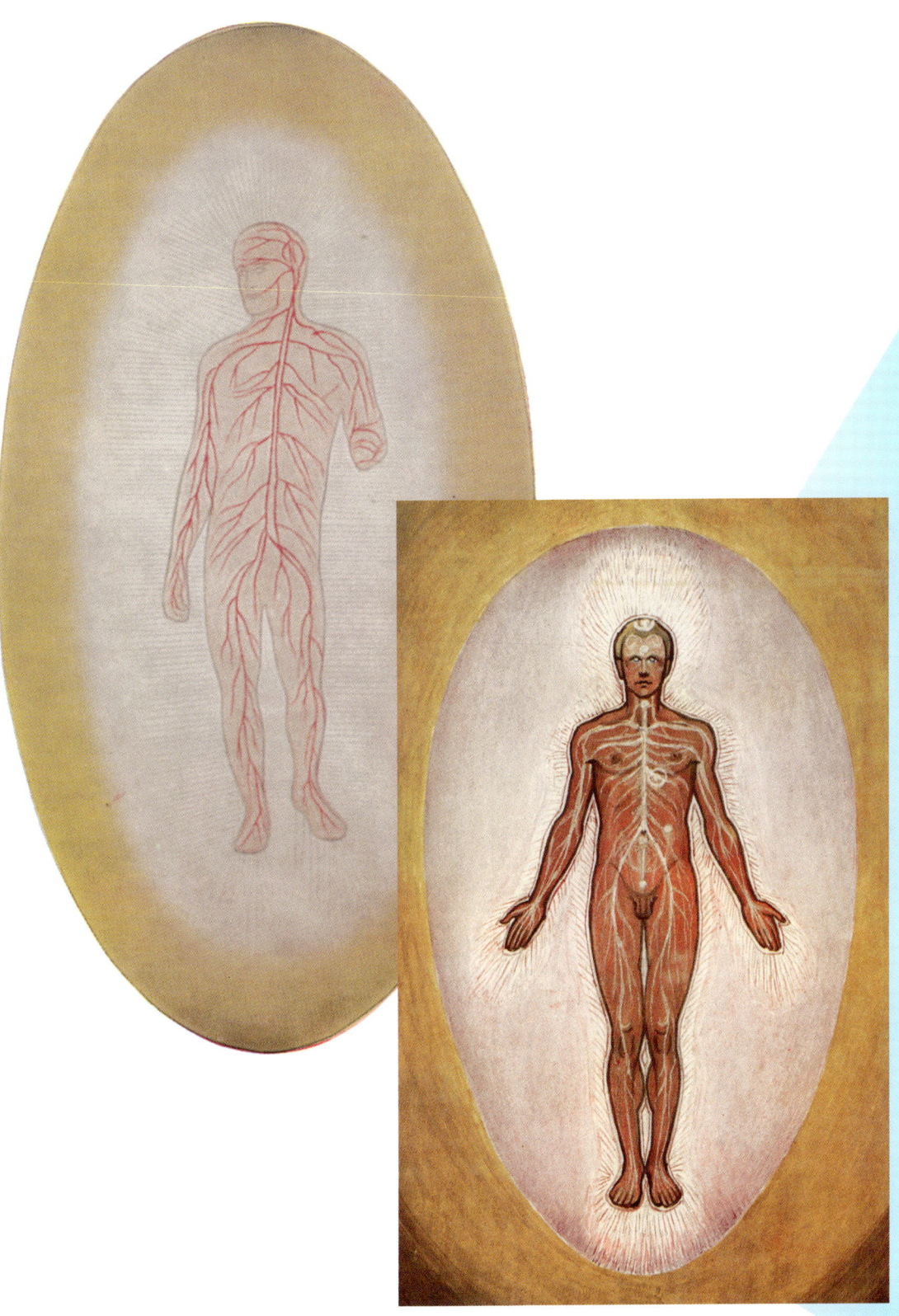

Abbildung 10 Die Gesundheitsaura

Die parallele Abstrahlung der Lebensenergie lässt sich dadurch erklären, dass die fortwährend eintretende Lebenskraft über diese Ausstrahlung wieder aus dem Körper ausgeschieden wird, um eine Überenergetisierung zu vermeiden. Tritt eine Krankheit auf, wird der normale Energiefluss im Ätherkörper unterbrochen und die Ausstrahlung ebenfalls. Wird die körperliche Gesundheit schrittweise wiederhergestellt, ordnen sich die Energielinien allmählich wieder, und der Lebensfluss strömt erneut harmonisch. Ist dies der Fall, bildet die Ätherhülle einen wirksamen Schutzwall gegen alle Arten von Krankheitskeimen, Bazillen oder andere negative äußere Einflüsse. Wird aber durch Überanstrengungen, Ausschweifungen (Drogen, Alkohol) oder Verletzungen eine größere Menge Lebenskraft für innere Ausgleichsprozesse benötigt, fehlt diese im äußeren Schutzbereich, und das Eindringen von zerstörerischen oder krankmachenden Einflüssen ist ungehinderter möglich.

Tritt eine Krankheit auf, wird der normale Energiefluss im Ätherkörper unterbrochen und die Ausstrahlung ebenfalls.

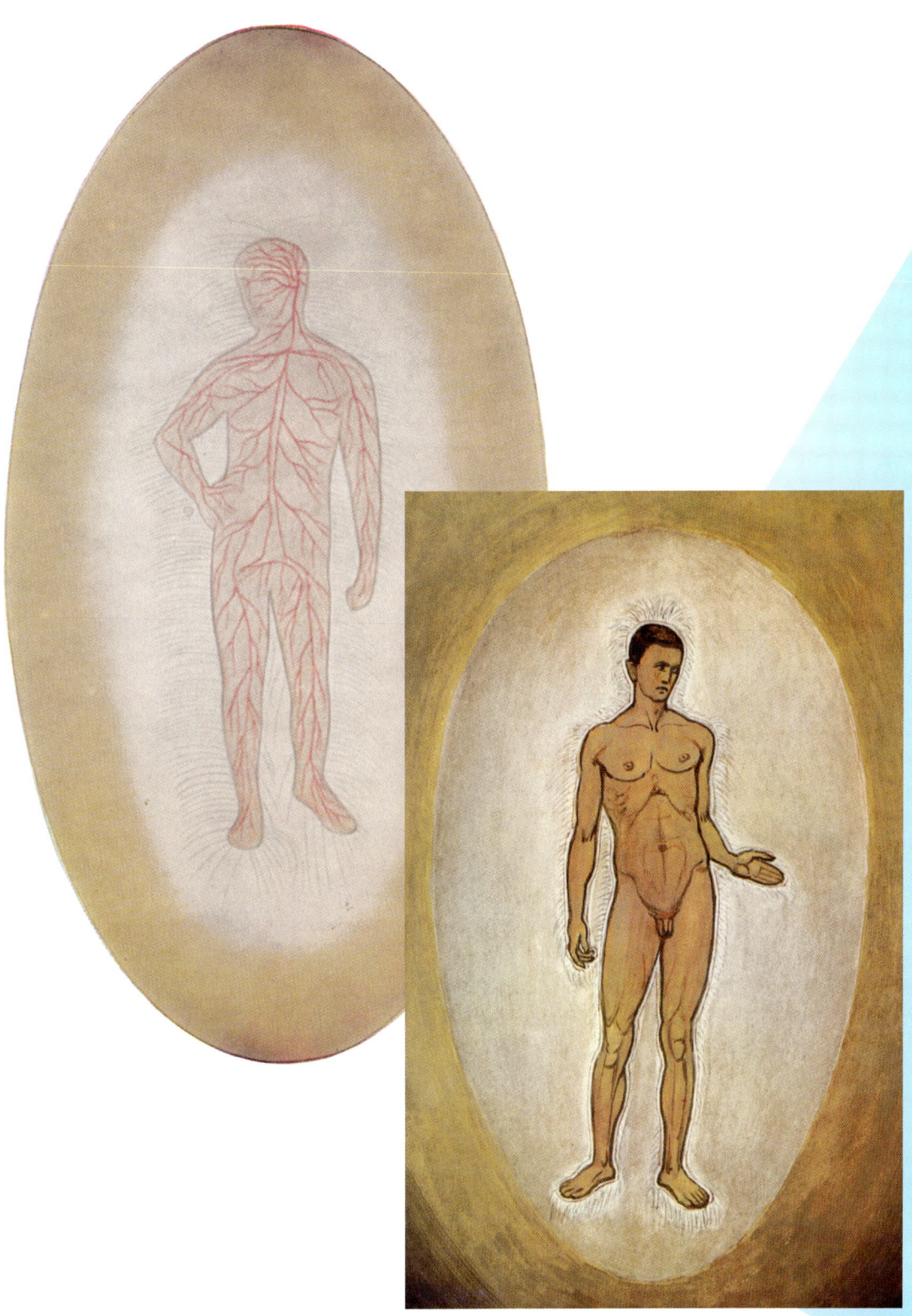

Abbildung 11 Die Aura des Ätherkörpers bei Krankheiten

„Wenn du einen Schritt vorwärts zu machen versuchst in der Erkenntnis geheimer Wahrheiten, so mache zugleich drei vorwärts in der Vervollkommnung deines Charakters zum Guten."

Rudolf Steiner

Der Astralkörper

Der Astralkörper ist, vereinfacht ausgedrückt, der Träger der Gefühle und Emotionen, wobei glücklicherweise die guten länger bestehen bleiben als die schlechten. Je höher sich ein Mensch entwickelt, desto mehr gleicht sein Astralkörper dem mentalen, womit deutlich wird, dass ein Mensch seine Begierden zu beherrschen vermag und sich nicht von Gefühlsausbrüchen dominieren lassen muss.

Der Astralkörper besitzt die Fähigkeit, bei intensiver Beeinflussung seiner feinstofflichen Substanz, etwa durch einen innigen Wunsch oder ein starkes Verlangen, ein so genanntes „Wunsch-Elemental" zu bilden, das als astrales Gebilde in gewissem Ausmaß ein eigenständiges Dasein erlangt und positiv wie negativ, entsprechend seiner Prägung, zu wirken vermag.

Der Astralkörper ist jener Träger, mit dem sich der Mensch nachts in den inneren Welten aufhält oder den er bei den außerkörperlichen „Astralreisen" benutzt. Werden letztere durch bestimmte Yoga-Praktiken oder andere okkulte Techniken gezielt angestrebt, kann es für den Uneingeweihten durchaus zu äußerst unliebsamen Erfahrungen kommen. Grundsätzlich sollte daher der geistig Strebende nicht darum bemüht sein, nach spektakulären Erfahrungen in den inneren Welten zu trachten, sondern seine geistige Reife zu verbessern. Rudolf Steiner brachte dies treffend auf den Punkt: „Wenn du einen Schritt vorwärts zu machen versuchst in der Erkenntnis geheimer Wahrheiten, so mache zugleich drei vorwärts in der Vervollkommnung deines Charakters zum Guten."

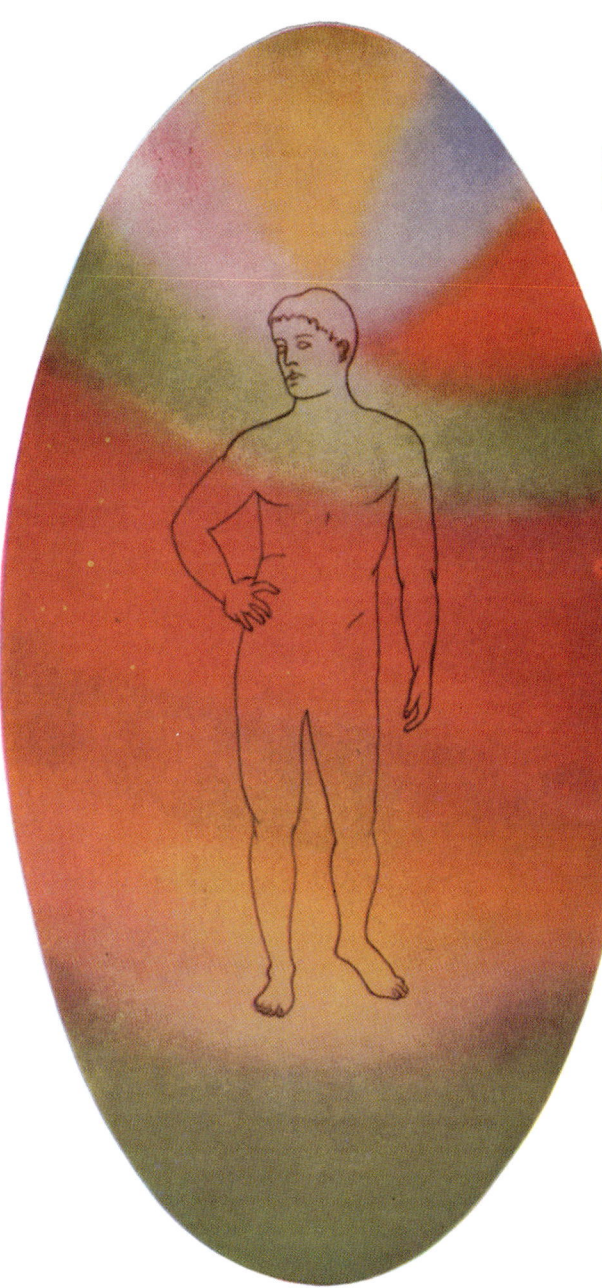

Abbildung 12
Der Astralkörper eines Durchschnittsmenschen

Die Farben zeigen in ihren etwas unsauberen Schattierungen das Vorhandensein starker Leidenschaften an. Die trüben Rottöne verweisen auf eine ausgeprägte Sinnlichkeit, verbunden mit einem großen Maß an Selbstsucht. Die trüben Grüntöne, vor allem im Bereich des Hals-Chakras, weisen sowohl auf eine gewisse Verschlagenheit als auch auf die Fähigkeit zur Anpassung hin.

Im Gegensatz zu den schon früher besprochenen Abbildungen, befindet sich dieser Astralkörper in verhältnismäßiger Ruhe. Da der Normalmensch jedoch in erheblichem Ausmaß von seinen Emotionen bestimmt wird, trifft man den Astralkörper selten in diesem ausgeglichenen Zustand an.

Dieser Mensch hat inzwischen gelernt, seine Begierden zu kontrollieren und seine Leidenschaften zu beherrschen. Er ist noch nicht völlig frei von diesen Charakterzügen, doch stellen sie nicht mehr die dominierenden Kräfte seines Lebens dar.

Das gelbe Licht der Vernunft im Bereich oberhalb des Kopfes lässt erahnen, woher die Vorstellung des „Heiligenscheines" kommt. Hellsichtige Menschen erschauten diese Abstrahlung bei den großen religiösen Lehrern der Vergangenheit oder den „Heiligen" der abendländischen Tradition.

Die Farben des Astralkörpers zeigen sich, verglichen mit Abbildung 12, insgesamt heller und zarter, was die erhebliche Weiterentwicklung dieses Menschen ausdrückt. Auch die Spiritualität, widergespiegelt in den pastellfarbenen Blautönen, ist in einem weit stärkeren Ausmaß vorhanden als noch zuvor. Alle Qualitäten sind durchlichteter und zeigen insgesamt die Höherentwicklung dieses Individuums an.

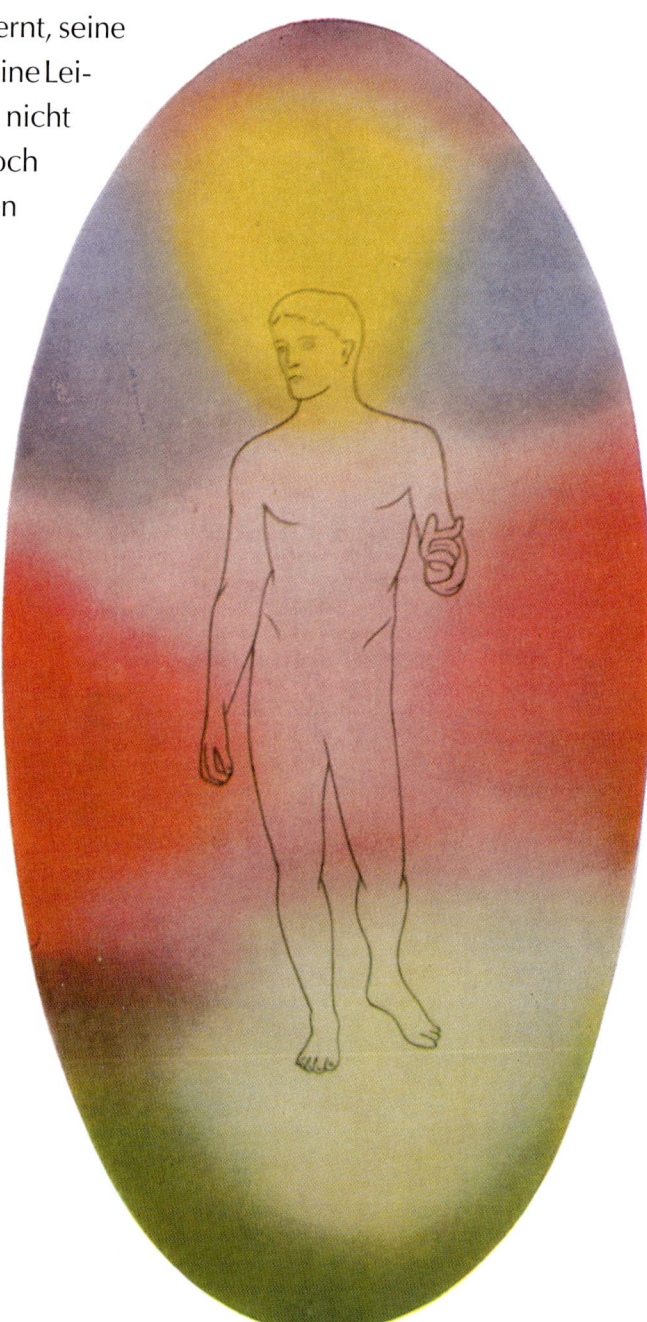

Abbildung 13 Der Astralkörper eines geistig fortgeschrittenen Menschen

*Gedanken
sind Kräfte!*

Der Mentalkörper

Der Mentalkörper des Menschen ist jene Hülle, durch die er sich als konkreter Intellekt und als Träger von Verstandeskräften ausdrückt. Spiegelte der Astralkörper seine Gefühle und Emotionen wider, so offenbart der Mentalkörper seine Gedanken.

„Die Gedanken sind frei", sagte der Dichter, und ahnte dabei vielleicht, dass sie sich auch frei bewegen können. Sie strahlen aus und beeinflussen ihre Umgebung. Starke, konkrete und kraftvolle Gedanken mehr als schwache, flüchtige und unpräzise. Wird dies erkannt, dann sollte jeder Mensch sich bewusst sein, in welchem Ausmaß er mit schlechten Gedanken eine Art „Innenwelt-Verschmutzung" betreibt. Arthur Powell beschreibt dies sehr treffend mit den Worten: „Es ist nicht übertrieben, wenn man sagt, dass jemand, der unreine oder böse Gedanken hegt, damit seine Mitmenschen moralisch verdirbt. Wenn wir bedenken, dass sehr viele Menschen in sich latent den Keim des Bösen tragen, einen Keim, der vielleicht niemals Früchte trägt, solange ihn nicht eine äußere Kraft berührt und zur Aktivität erweckt, so könnte die Gedankenwelle, die ein unreiner oder unheiliger Gedanke aussendet, eben dieser Faktor sein, der einen Keim zur Aktivität erweckt und ihn zum Wachsen bringt. Ein solcher Gedanke kann deshalb eine Seele auf den Weg nach unten führen."

So wie der Astralkörper gewisse „astrale Elementale" hervorzubringen vermag, kann auch der Mentalkörper machtvolle Gedankenformen schaffen, die teilweise noch nach dem Tod ihres Erzeugers wirksam bleiben. Die Magie macht sich dieses Wissen, fast immer aus egoistischen Motiven, zunutze.

Gedanken sind Kräfte! Wer sich einmal die Mühe macht, die so genannte „öffentliche Meinung" zu hinterfragen, wird schnell erkennen, welche geistigen Gesetze dabei wirksam sind. Wer nicht sehr achtsam ist und seine 'eigenen' Gedanken stets kritisch überprüft, wird möglicherweise gar nicht merken, in welchem Ausmaß er 'zugedacht' wird. Das moderne Medienzeitalter bietet zwar bisher unbekannte Gelegenheiten zur Wissensgewinnung, stellt aber andererseits auch die Möglichkeiten einer gigantischen Massenmanipulation zur Verfügung, die in ihrem Ausmaß bisher noch weitgehend unerkannt geblieben sind.

Der Mentalkörper dieses Menschen zeigt, dass ein gewisses Maß an Verstand, Liebe und Spiritualität vorhanden ist. Das rötliche Braun zeigt Eitelkeit an, doch ist diese zumindest auf höhere Ziele gerichtet. Der Mensch ist stolz, da er sich einbildet, über herausragende Fähigkeiten zu verfügen, daher dominiert das Purpur an der Basis dieses Körpers. Das Scharlachrot im mittleren Teil des Mentalkörpers zeigt an, das seine Gedanken noch leicht in Zorn oder Wut abgleiten können. Auch das grünliche Grau im Mittelteil weist auf eine eher egoistische und geizige Einstellung hin.

Insgesamt weist dieser Mentalkörper die durchschnittlichen geistigen Fähigkeiten eines Menschen auf, der weder ein besonders guter noch ein besonders schlechter Mensch ist. Er wird seine mentalen Fähigkeiten eher für den Eigennutz einsetzen, doch ist er nicht völlig unempfänglich für Impulse, die ihn zu einem eher selbstlosen Handeln anregen könnten.

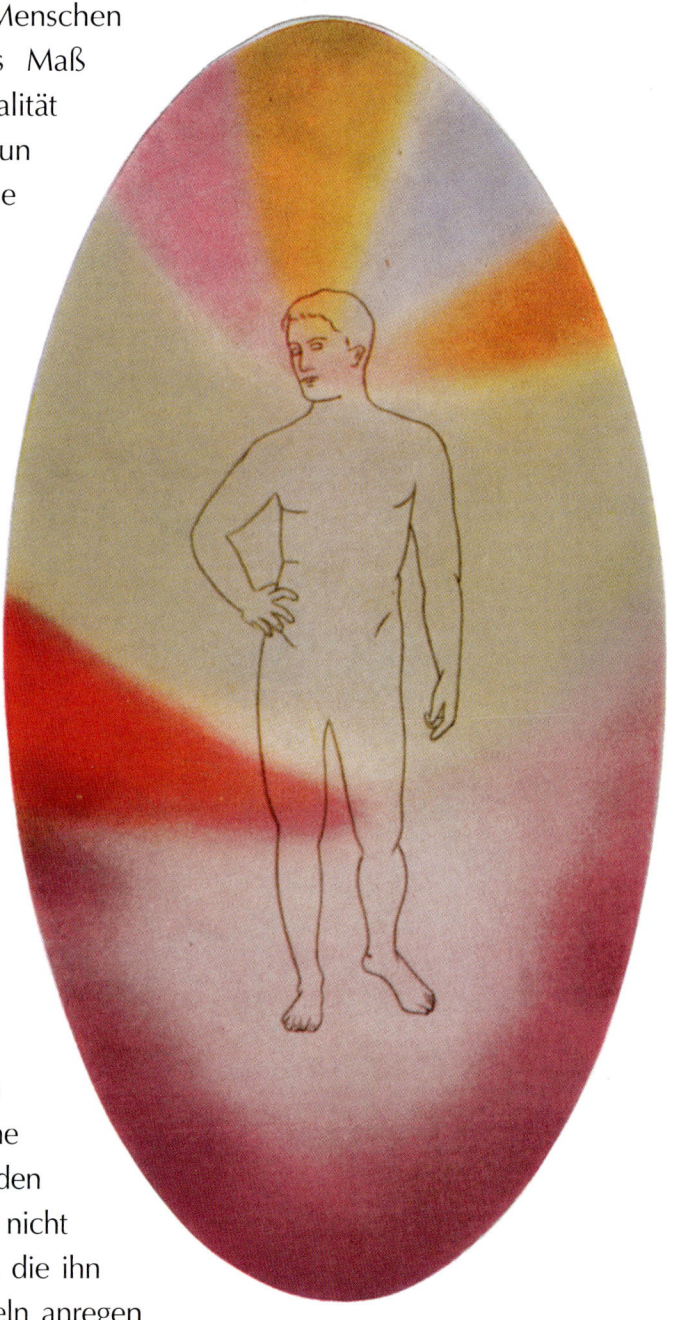

Abbildung 14
Der Mentalkörper eines Durchschnittsmenschen

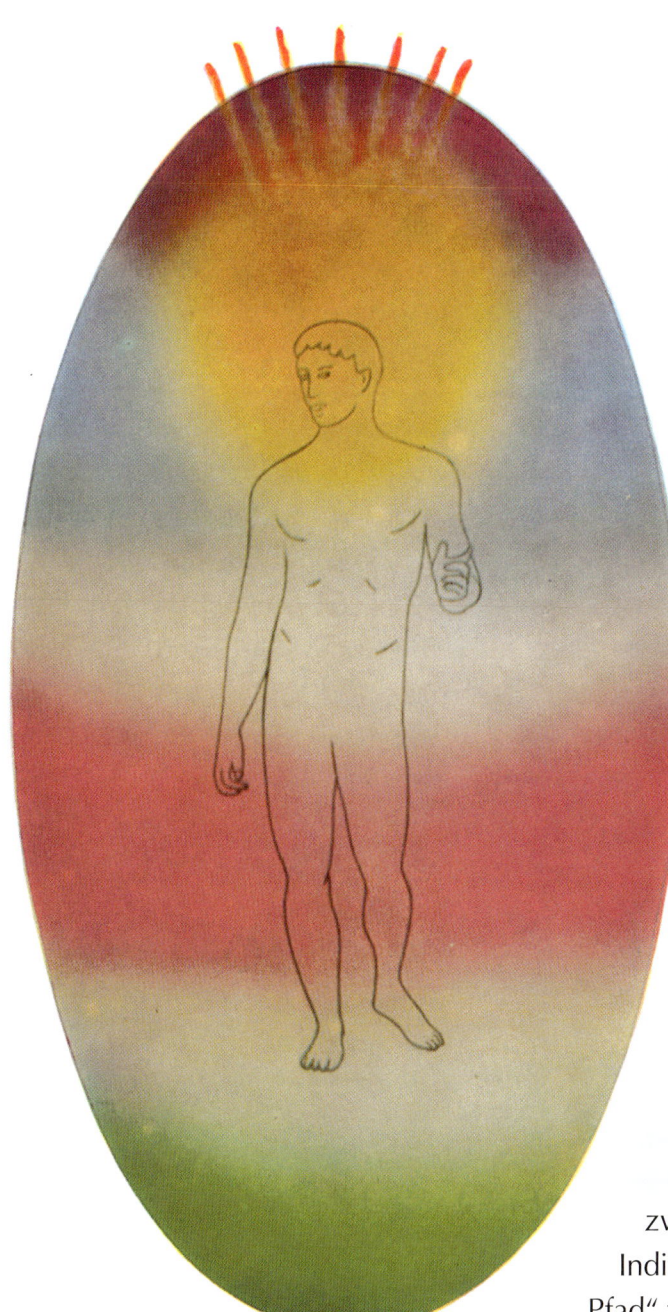

Abbildung 15
Der Mentalkörper eines geistig fortgeschrittenen Menschen

Die Farben im Mentalkörper eines geistig fortgeschrittenen Menschen zeigen sich in zarten Pastelltönen. Diese Feinheit der Farben deutet an, dass alle seine Charaktereigenschaften sich geläutert haben und er ein hohes Maß an Selbstlosigkeit erlangt hat. Eitelkeit, Zorn und Selbstsucht sind fast völlig verschwunden, stattdessen ist das reine Violett mit den goldenen Lichtstrahlen oberhalb des Scheitel-Chakras zu erkennen, das Zeugnis ablegt von der Errungenschaft neuer geistiger Einsichten. Die Kraft der Inspiration strömt aus einer höheren Ebene in den Mentalkörper dieses Menschen ein und macht ihn so bereit, ein Werkzeug für den Göttlichen Plan zu werden. Alle mentalen Eigenschaften sind inzwischen gut ausgebildet, und das Individuum ist bereit, den „geistigen Pfad" zu betreten.

Der Kausalkörper

Nach dem Ablegen des physischen Körpers lebt der Mensch in seinem Astral- und später in seinem Mentalkörper weiter. Doch auch diese Hüllen sind nicht unvergänglich und lösen sich nach einer gewissen Zeit auf. Das Individuum zieht sich dann in seinen Kausalkörper zurück, der einzige Körper, der bestehen bleibt und von Inkarnation zu Inkarnation wandert. Arthur Powell fasst dieses Geschehen sehr übersichtlich zusammen: „Der Kausalkörper bildet das Gefäß für alles Dauerhafte, für das, was edel und harmonisch ist und im Einklang mit dem geistigen Gesetz steht. Jeder große und erhabene Gedanke, jedes reine und erhebende Gefühl wird empor getragen und seine Substanz in den Kausalkörper eingearbeitet. Dieser ist ein Verzeichnis – das einzig wahre Verzeichnis – seines Wachstums und der Entwicklungsstufe, die der Mensch erreicht hat."

Alles, was vergänglich ist, vergeht mit dem Ablegen des Äther-, Astral- und Mentalkörpers. Jegliche Negativität löst sich auf, und nur die höchsten Ideale des Menschen, und seien es auch noch so wenige, werden im Kausalkörper aufbewahrt und in die nächste Inkarnation fortgepflanzt.

Mit dem Kausalkörper tritt der Mensch ein in die höchsten „Himmelswelten", bis der Ruf an ihn ergeht, in eine neue Inkarnation herabzusteigen. Dann wird vom Kausalkörper aus der Aufbau der neuen niederen Körper vorbereitet, bis der Zeitpunkt gekommen ist, wo ein „Engel von Geburt und Tod" den Menschen wieder hinabsendet in ein neues Erdenleben.

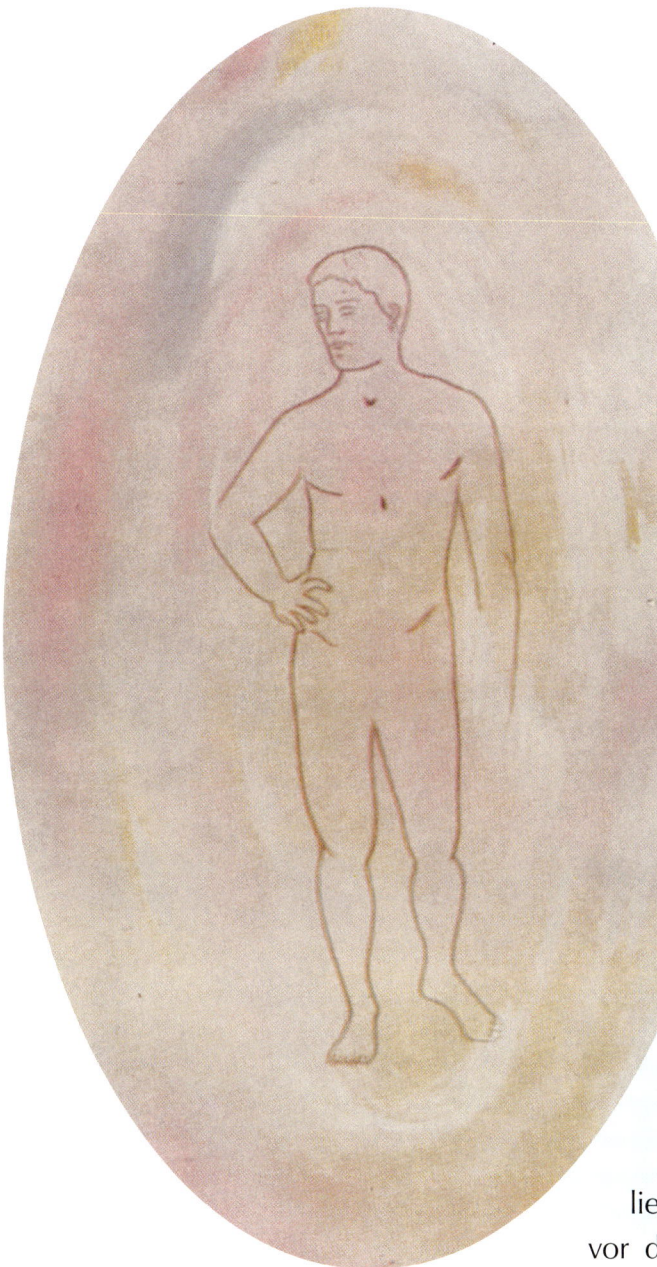

Der Kausalkörper dieses Menschen lässt noch wenig von höheren Idealen oder selbstlosen Zielen erkennen. Es ist der Körper eines „braven Durchschnittsbürgers in Bademantel und Pantoffeln", wie Leadbeater es mit britischem Humor ausdrückt. Die zarten, kaum sichtbaren Farbschattierungen, die geistige Qualitäten ausdrücken, erfüllen noch nicht einmal die Hälfte der Körperhülle. Es hat sich ein wenig höherer Intellekt, ein wenig echte Spiritualität und ein Hauch von selbstloser Liebe entwickelt.

Die leichte Färbung des Blasslila drückt einen Ansatz von Liebe und Hingabe an ein göttliches Prinzip aus; auch Spuren von Mitgefühl und Verbundenheit mit allem Leben lassen sich erkennen. Grundsätzlich liegt aber noch ein erheblicher Weg vor diesem Individuum, um zu seiner geistigen Bestimmung als göttliches Wesen zu gelangen.

Abbildung 16 Der Kausalkörper eines Durchschnittsmenschen

Dieser Kausalkörper charakterisiert einen Menschen, der große geistige Fortschritte gemacht hat. Es haben sich zahlreiche positive Eigenschaften entwickelt, und die glänzende, leuchtende Lichthülle des Kausalkörpers ist mit zarten Farbtönen angefüllt, die von selbstloser Liebe, tiefer Hingabe und ausgeprägtem Mitleid zeugen. Der Mensch wird bestimmt von einer höheren Vernunft, einem durchgeistigten Verstand und dem bewussten Streben nach dem Göttlichen.

Ein solcher Mensch vermag als Kanal für die Inspiration aus höheren Welten zu dienen, auf der Abbildung ausgedrückt durch die nach verschiedenen Richtungen hin sich ergießenden Lichtströme. Seine Selbstlosigkeit macht es möglich, göttliche Kräfte aufzunehmen, da seine einzige Absicht darin besteht, diese Segnungen an andere Menschen, die ihrer bedürfen, weiterzureichen.

Der zarte goldene Lichtschimmer am oberen Teil der Kausalhülle zeigt die Verbindung zur Göttlichen Welt an. Durch dieses geistige Tor kann die Kraft einer höheren Welt in ihn eintreten und sich durch ihn in die materiellen Reiche verströmen. „Je stärker und vollkommener das Streben wird", so Charles Leadbeater, „desto größer wird das Maß der Gnade von OBEN."

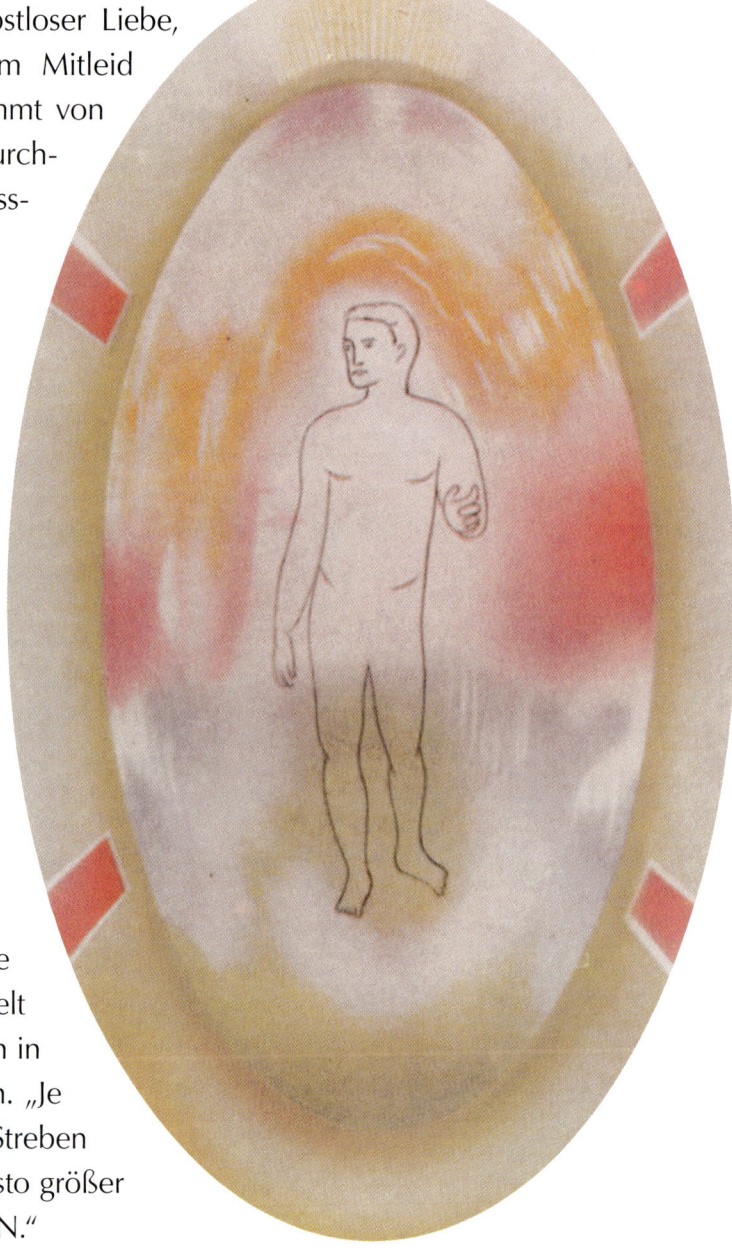

Abbildung 17 Der Kausalkörper eines geistig fortgeschrittenen Menschen

Bei einem Meister der Weisheit hat der Kausalkörper bedeutend an Umfang zugenommen und leuchtet mit vollkommener göttlicher Strahlkraft. Er verströmt seinen Segen in alle Richtungen, und alle Menschen, die mit ihm in Berührung kommen, werden berührt von der geistigen Kraft, die von ihm ausgeht.

Der Kausalkörper eines Meisters spiegelt sein grenzenloses Mitgefühl, seine vollkommene Vergeistigung und die Verbundenheit mit dem Licht und der Liebe des LOGOS. Er ist ein LICHT in der Dunkelheit, und niemand kommt in seinen Wirkungskreis, ohne durch diese Berührung selbst ein wenig besser und selbstloser zu werden.

Die Meister sind die Botschafter jener göttlichen Wesen, die Planeten- und Sonnensysteme leiten. Sie verkünden uns IHRE Wahrheit und wirken so als unaufhörliche Quelle der Inspiration, denn sie lehren uns, dass auch wir einst Söhne und Töchter des Allerhöchsten sein werden!

Abbildung 18 Der Kausalkörper eines Meisters

Die Aura der Tiere 3

Die Tiere sind unsere jüngeren Geschwister im großen Schöpfungsgefüge. Die Missachtung der Tiere zählt zu den tragischen Verfehlungen des Christentums; und noch immer klagen Legebatterien und Tierversuchslabors die Grausamkeit des Menschen an. Solange Menschen denken, dass Tiere nicht fühlen, müssen Tiere fühlen, dass Menschen nicht denken!

Innerhalb der Tierwelt muss unterschieden werden hinsichtlich der Entwicklungsstufe eines Tieres. Die niederen Tierarten weisen nur eine „Gruppenseele" auf, ähnlich den Pflanzen. Bei den höher entwickelten Tieren gibt es bereits ausgesprochen individualisierte Geschöpfe, die in der Regel in kleinen Gruppen zusammen aufwachsen und von einem speziellen „Tier-Engel" in ihrer Evolution begleitet und angeleitet werden.

Die schon weitgehend individualisierten Tierseelen zeigen bereits ein gewisses Maß an freiem Willen, wenngleich man nicht den Fehler begehen darf, dies mit der menschlichen Willensfreiheit zu vergleichen.

Die Tiere lernen durch Erfahrung und durch die Nähe zum Menschen. Rupert Sheldrakes Forschungsarbeiten haben diesbezüglich manches Erhellende geleistet und die esoterische Philosophie in vielen Aspekten bestätigt.

Das Tierreich entwickelt sich in langen Wachstumsperioden, bis eines Tages der Zeitpunkt gekommen ist, um, durch einen neuen schöpferischen Akt, in die nächst höhere Ebene aufzusteigen. Die Entwicklungswege der Tiere sind mannigfaltig, doch würde es an dieser Stelle zu weit führen, ausführlich darauf einzugehen.

Die Aura der Tiere zeigt in ihren Farben und Formen entweder den Entwicklungsstand des Tieres an oder die Einflüsse seitens des betreuenden Engelwesens. Die Farben als solche haben eine ähnliche Bedeutung wie beim Menschen. Die grünen Farbtöne deuten beim Tier Intelligenz und Anpassungsfähigkeit an, Rosa und Rot verweisen auf Liebe und Zuneigung, wobei das Rot bei wilden Tieren, etwa beim Löwen, auch die Leidenschaft des Jagdinstinktes wiedergeben kann. Das Blau, das beim Menschen mit der Spiritualität verknüpft ist, verweist beim Tier auf Zufriedenheit mit seinen Lebensumständen. Bei gequälten oder eingesperrten Tieren kann dieses Blau eine starke Trübung aufweisen. Gelb deutet eine gewisse Intelligenz und Lernfähigkeit an, das Weiß sogar ein gewisses Verständnis für die Inspiration durch seinen Engel. Es bedarf eines differenzierten Studiums, um die Aura eines Tieres artgerecht zu interpretieren. Nachfolgend soll dies anhand einiger Beispiele versucht werden.

Abbildung 19 Die Aura einer Katze

Die Aura dieser schnurrenden Katze ist erfüllt von der Zuneigung zu seinem menschlichen Herrchen oder Frauchen. Es ist ein gepflegtes und gesundes Tier. Die Lebenskraft, die als grüne Strahlung entlang des physischen Körpers sichtbar wird, ist gut ausgeprägt. In der Kopf-Aura zeigen sich einige einfache Gedankenformen, und die Zackenkrone über dem Köpfchen zeigt an, dass es sich um ein bereits entwickeltes Geschöpf handelt. Diese Katze ist, was auch die weiß-orange Form über der Kopfmitte belegt, bereits ein individualisiertes Tier.

Das Rosa in der weiteren Aura ist vermischt mit dunkleren Tönen, die Hinweis auf die Jagdleidenschaft gibt, was auch bei einer Hauskatze nicht verwundern wird.

Das helle Grüne und das zarte Hellblau zeigen an, dass dieses Tier über ein erhebliches Maß an Klugheit und tierischer Intelligenz verfügt. Im Rahmen seiner Entwicklungsmöglichkeiten ist diese Tierseele bereits mit einer höheren Wirklichkeit verbunden.

Würde diese Katze allerdings auf Mäusejagd gehen, würden sich die Farben und Formen verändern und die Rot-Töne deutlicher hervortreten. Im Falle eines vernachlässigten oder misshandelten Tieres gewännen graue oder grau-schwarze Farbschattierungen die Oberhand und würden Hinweis auf die Angst und Seelenqual dieser kleinen Tierseele geben.

Abbildung 20 Die Aura eines Fuchses

Das Bild zeigt von seinem Hintergrund her an, dass dieser Fuchs in seinem natürlichen Revier beobachtet wurde.

Seine Aura ist als liegendes Oval gezeichnet und enthält die Gestalt des Fuchses, umgeben von einem leicht getrübten Rosa, das vor allem im Kopfbereich deutlich hervortritt. Die Qualität tierischer Liebe ist vermischt mit einem für den Fuchs natürlichen Egoismus und Selbsterhaltungstrieb. Die Farben um die Kopf-Aura zeigen daher einen gewissen geistigen Einfluss, aber auch eine ausgeprägte Schläue und Verschlagenheit an. Die verschiedenen Gedankenformen verdeutlichen das zusätzlich auf eindrückliche Art und Weise.

Der Fuchs ist zielgerichtet. Die ihm vorauseilenden Pfeile sind auf die zu erlegende Beute gerichtet. Die blauen und grünen Farbtöne lassen die gut ausgeprägten Instinkte erkennen.

Wer mit hellsichtiger Beobachtungsgabe einen jagenden beziehungsweise einen gejagten Fuchs beobachten kann, wird im ersten Fall rote und braune Farbtöne dominieren sehen, während im zweiten Fall eher graue und schwarze Schattierungen dominieren, die wie blitzartige Zackenlinien die Aura durchziehen.

Abbildung 21 Die Aura einer Rehmutter mit ihren Kitzen

Das Muttertier spielt mit ihren Jungen auf einer Waldwiese. Die liebevolle Ausstrahlung zwischen den drei Tieren wird vor allem durch das harmonische Rosa der Kopf-Aura verdeutlicht. Die Aura ist deshalb so harmonisch und relativ ausgeprägt, weil die Zuwendung zwischen den Tieren eine starke geistige Kraft freisetzt.

Die angedeuteten Blumen und Gräser in der Aura weisen auf die Intelligenz, das Gelb im oberen Teil der inneren Aura sogar auf eine gewisse Erkenntnis hin. Die vollkommene äußere Form der Aura zeigt die Gefühle von Geborgenheit und Beschütztsein an. Diese Rehe fühlen, dass ihnen gegenwärtig keinerlei Gefahr droht.

Wird ein Reh allerdings gejagt, verliert sich die harmonische Form der Aura unverzüglich. Es treten Zacken und Ecken auf und bräunlich-orange Farbtöne dominieren, die bei großer Angst noch von einem Grauschleier überzogen werden.

Abbildung 22 Die Aura einer Wildente und zweier Falken

Falken sind hochentwickelte Vertreter der Vogelwelt. Der Falke im Vordergrund des Bildes lässt eine gewisse Souveränität beim Beobachten seines Reviers erkennen. Er ist ein wundervoller Repräsentant seiner Art. Der Kern seiner Aura zeigt das Gelb der Erkenntnis an, einer Form von Klugheit, die aus einer Verbindung mit einer höheren Wirklichkeit erwächst. Die grünen und blauen Farbkreise machen deutlich, dass dieser Vogel über ein ausgeprägtes Selbstvertrauen verfügt. Er kennt seine eigenen Kräfte, die im Bereich der Intelligenz ein für Tiere außergewöhnliches Maß erreicht haben. Liebevolle Qualitäten wird man beim Falken allerdings nur schwach ausgeprägt finden, sie sind nur am äußeren Rand der Aura im mit Grau vermischten Rosa zu erkennen.

Der zweite Falke steht im Begriff, eine vorbeifliegende Ente zu schlagen. Seine Aura ist vollständig vom Rot der Jagdleidenschaft erfüllt. Die grün-roten Pfeile sind Gedankenformen, die seine vollkommene Konzentration auf das Erjagen seiner Beute verdeutlichen. Die Ente dagegen weist eine Aura auf, in der das Grau der Angst die dominierende Qualität ist. Nur das Weiß im Bereich der Kopf-Aura ist ein verzweifelter Versuch, instinktiv das Richtige zu tun, um der Lebensgefahr zu entkommen.

Rosa-Töne der Liebe und das zarte Blau des Ruhens

Abbildung 23 Die Aura einer Amsel im Morgengrauen

Die abgebildete Amsel sitzt auf dem Zweig eines Kastanienbaumes, dessen Knospen sich zu öffnen beginnen. Sie singt ein Lied zum Lob Gottes! Diese Vorstellung beruht tatsächlich auf einer korrekten Wahrnehmung und stellt keine romantische Idealisierung des Tierreiches dar. Die Amsel und andere Vögel stimmen tatsächlich den Lobpreis Gottes an, was keinesfalls im Gegensatz zu der naturwissenschaftlichen Auffassung der Revierabgrenzung steht. Beide Aspekte gehören für die Singvögel zusammen.

Die runde Aura der Amsel zeigt die reinen Rosa-Töne der Liebe und das zarte Blau eines Ruhens im Einklang mit der göttlichen Schöpfung, soweit ein Vogel diese zu erfassen vermag. Hier sollte darauf geachtet werden, dass der Mensch über die Tiere nur in menschlichen Begriffen zu sprechen vermag!

Die Vielfalt des Amsel-Liedes erbaut die schönen Gedankenformen, die sich im oberen Bildbereich zeigen. Die Kraft des Gesanges bestimmt die Höhe des Gebildes, welches den kleinen Vogel erheblich überragt.

Die Schönheit der Formen und Farben erklärt sich aus dem Umstand, dass wir hier in der Tat eine Form von „Gottesdienst der Vögel" beobachten dürfen. Die Hingabe des Vogels an die Schöpfung rankt sich in Form einer Lichtblüte nach oben, während als Antwort die himmlische Lichtstrahlung erfolgt, welche die gesamte Aura der Amsel umhüllt.

Dieses kleine Tier ist ein weit entwickeltes Wesen in seiner Evolutionsstufe. Es ehrt auf seine Weise die göttliche Schöpfung und strahlt eine wundervolle Kraft in seine Umgebung aus. Der Kastanienbaum nimmt diesen Segensstrom auf, und auch der Mensch kann ihn empfangen, sofern der Lärm der modernen Industriegesellschaft seine Wahrnehmungsfähigkeit für den Lobpreis der Amsel noch nicht abgetötet hat.

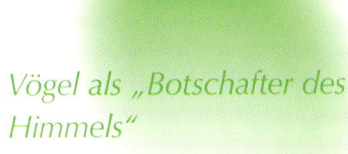

Vögel als „Botschafter des Himmels"

Abbildung 24 Die Aura eines Rotkehlchens

Die schönen Blütenformen dieses Bildes werden ausschließlich durch den Gesang des Rotkehlchens erzeugt. Dieser kleine Vogel verfügt über eine schon weit entwickelte Tierseele und legt sein ganzes Wesen in sein Lied. Die harmonischen Farben zeigen das Verständnis des zarten Geschöpfes für das Leben und eine höhere Wirklichkeit an. Im Rahmen seines Bewusstseins schwingt dieses Rotkehlchens vollkommen im Einklang mit der göttlichen Schöpfung.

Seinem kleinen Schnabel entspringen goldene Perlen, und ein helles Lichtband schwingt sich durch alle aurischen Formen empor in ein göttliches Reich.

Auch die Knospen des Baumes nehmen die lichten Schwingungen auf, wodurch ihre eigenen Wachstumskräfte verstärkt werden. Tier- und Pflanzenreich schwingen in einer vollkommenen Harmonie.

Der Betrachter ist geneigt, den Vögeln eine Rolle als „Botschafter des Himmels" zuzusprechen, vielleicht weil sie in ihrem Element der Erdenschwere bereits ein wenig entrückt sind. Eine Anekdote aus dem Leben eines alten Zen-Meisters mag dies verdeutlichen.

Der weise Lehrer saß eines Morgens mit seinen Schülern zusammen, um über die Wachheit in den Dingen des Alltags zu sprechen. Die Zen-Halle war überall geöffnet, um die Morgensonne und die Frische einer leichten Brise einzulassen. Der Meister hatte gerade mit seiner Belehrung begonnen, als sich ein kleiner Vogel auf den Fensterrahmen niederließ und sein Morgenlied anstimmte. Die zarte Stimme schwang auf und ab und bezauberte den Meister und seine Mönche. Als der Vogel nach einer Weile sein Lied beendete und davon flog, sprach der Meister: „Es ist alles gesagt. Für heute bedarf es keines weiteren Unterrichts mehr."

Die Aura der Pflanzen 4

Wenn man über die Aura von Pflanzen sprechen will, muss man auf zwei historische Begebenheiten zurückgreifen – auf die Kirlian-Photographie und auf die Gründung der Findhorn-Gemeinschaft in Schottland. Mit seiner Hochfrequenzphotographie gelang es dem Russen Semjon Davidowitsch Kirlian in der Mitte des vorigen Jahrhunderts, die ätherischen Energiefelder nachzuweisen, die alle Pflanzen umgeben. Dies war für all jene, welche sich mit der esoterischen Philosophie befasst hatten und von der Existenz eines Äther- oder Astralkörpers wussten, keine Überraschung. Für überzeugte Materialisten stellten Kirlians unbestreitbare Forschungsergebnisse jedoch eine ungeheure Herausforderung dar.

Auch Pflanzen sind von Lebenskraft durchdrungen und, wie in der zweiten Hälfte des 20. Jahrhunderts die Findhorn-Gemeinschaft dokumentierte, sie werden von höheren Intelligenzen in ihren Wachstumsprozessen angeleitet. Schon die Dichter der Deutschen Romantik kannten die Naturwesen, die im Garten der Natur arbeiten, und so steht die Überzeugung der Findhorn-Gründer, Eileen und Peter Caddy sowie Dorothy Maclean, wonach „Devas" (Lichtwesen) die Pflanzenevolution überwachen, in einer ehrbaren Tradition. Die theosophische Überzeugung spricht in diesem Zusammenhang auch von „Pflanzenseelen", die allerdings deutlich vom gleichlautenden menschlichen Begriff unterschieden werden müssen. „Alle Pflanzengattungen haben ihre Gruppenseelen, die einzelnen Sorten bilden Untergruppen. Jede Pflanze beherbergt ein geistiges Wesen, dessen irdisches Kleid die äußere Gestalt der Pflanze ist, die uns vor Augen steht. Wir wollen dieses Wesen Pflanzen-Seele nennen, obwohl die Bezeichnung nicht ganz richtig ist, weil eine Pflanze nur Teilaspekte der menschlichen Seele besitzt.

Die Pflanzenseele ist keimhaft schon im Samen vorhanden und entfaltet sich mit dem Wachsen der Pflanze. Jede Blüte enthält ein 'Kind' dieser Seele, das seinerseits 'Kinder' hervorbringt, wenn die Samen zur Reife kommen. Stirbt die Pflanze ab oder wird sie zerstört, so kehrt die Pflanzenseele in ihre Gruppe zurück, von der sie aufgenommen wird wie ein Wassertropfen vom Ozean. Wie dieser alles aufnimmt, was der

Tropfen mit sich bringt, so bringt die Pflanzenseele alle im irdischen Leben gesammelten Erfahrungen in die Gruppenseele ein. Dieser hochstehende Deva, der auch die 'Mutter' seiner Art genannt wird, verarbeitet das Aufgenommene zusammen mit einem mehr männlich erscheinenden Deva dieser Art zum Wohl aller seiner Kinder.

Es gibt jedoch auch im Pflanzenreich einen Weg der Individualisierung, den einzelne weit entwickelte Pflanzenseelen gehen. Sie streben nicht die Menschwerdung an, sondern eine Höherentwicklung im Reich der Pflanzen. Ist die Individualisierung vollzogen, so wird aus der Pflanzenseele ein Pflanzen-Deva."[1]

Die nachfolgenden Beschreibungen der Aura einzelner Pflanzen bezieht daher sowohl den inneren Entwicklungsimpuls der Pflanzenseele mit ein als auch die geistigen Impulse, die jeder Pflanze aus einer höheren Wirklichkeit zuteil werden. Die Farbtöne der Aura stehen daher in erheblichem Maße im Zusammenhang mit den Eigenschaften des sie betreuenden Devas.

Das Bild zeigt eine Pflanze, die an einem gut geeigneten Standort wächst. Bei schlechteren Umweltbedingungen wäre die Aura von einem unschönen Graublau mit grauschwarzen Eintrübungen durchzogen, und statt der Sterne sähe man unregelmäßig geformte rote Flecken. Im vorliegenden Fall strahlt diese Blume jedoch Schönheit und Harmonie aus.

Das Veilchen gilt als die „Blume der Bescheidenheit und Demut", denn ihre Pflanzenseele ist dem Göttlichen zugewandt und ruht in der Verbundenheit mit der für sie erspürbaren höheren Wirklichkeit. Das Himmelblau der Aura symbolisiert diese tiefe Verbundenheit des Veilchen-Wesens mit der göttlichen Schöpfungskraft, und das zarte Rosa deutet die reine Liebe an, die es auf seiner Entwicklungsstufe empfinden kann. Die Sterne weisen auf die aktive Lebenskraft hin, während die blaue Lichtkugel die Verbindung zwischen „Himmel und Erde" anzeigt.

[1] Gisela Weigl/Franz Wenzel - Die entschleierte Aura, Forstinning 1983, S.70 f.

Abbildung 25 Die Aura eines Veilchens

Das „Vergiss-mein-nicht" soll seinen Namen tragen, weil es den Menschen ermahnt, die Liebe zum Allerhöchsten nicht außer Acht zu lassen.

Abbildung 26 Die Aura eines Vergissmeinnichts

Das „Vergiss-mein-nicht" soll seinen Namen tragen, weil es den Menschen ermahnt, die Liebe zum Allerhöchsten nicht außer Acht zu lassen. Als himmlischer Liebesbote im Pflanzenreich wurde es mit der schönen rosa-farbenen Aura ausgezeichnet.

Auch dieses Vergissmeinnicht gedeiht unter guten Umweltbedingungen, weshalb seine Aura in allen Aspekten harmonisch und von leuchtenden Farben durchzogen ist. Wären die Bedingungen anders, könnten auch bei dieser Blume graue, braune und schmutzige Farbtöne auftreten.

Auch beim Vergissmeinnicht zeigen die Sternchen das Feuer der Lebenskraft an und die weißen Kugeln das göttliche Licht. Die anderen Lichtkugeln, die teilweise auch grüne Tönungen aufweisen, steigen zum Himmel auf und verbinden, wie das Veilchen, Himmel und Erde.

*Die orange Farbe zeigt
die Lebensfreude*

Abbildung 27 Die Aura eines
Löwenzahns

Dem Löwenzahn kommt im Garten des Lebens die Aufgabe zu, Sonnenkräfte in sich aufzunehmen und sie transformiert wieder abzugeben, und zwar sowohl an seine unmittelbare Umgebung als auch an die Wesen, denen er zur Nahrung dient. In seinen Blüten liegt eine hohe Konzentration der Sonnenkräfte, während in den Blättern und in den Wurzeln auch die Erdkräfte dazu kommen.

Die Flammenzacken der Aura wiederholen in ihrer Form die Gestaltung der Blätter. Sie sind ein Abbild der Sonne, weshalb innerhalb der Zacken zahllose kleine Flämmchen erscheinen – Sinnbilder der Lebenskraft der Sonne. Die orange Farbe zeigt die Lebensfreude, welche die Pflanze aufgrund ihrer Durchlichtung mit Sonnenkraft erfüllt. Die aufsteigenden bunten Kugeln deuten auch hier die Verbindung von Himmel (Sonne) und Erde an. Wenn der Löwenzahn seine Samen auf die Reise schickt, so ziehen die geistigen Kräfte ihrer Mutterpflanze mit ihnen, was der obere Bildausschnitt sehr schön verdeutlicht.

*Das Rosa der Liebe und
das Gelb der Erkenntnis*

Abbildung 28 Die Aura eines
Heckenrosenzweiges

D er Deva aller Rosen ist ein außerordentlich weit entwickeltes Wesen von großer Güte und wundervoller Schönheit. Er ist eine Verkörperung reiner Liebe.
Einzelne Rosensorten verfügen gesondert über ihre Devas, die aber alle nur Aspekte
der einen, sie überschattenden Wesenheit sind.

Die Heckenrose ist ebenfalls ein Mischwesen aus irdischen und himmlischen Kräften. Jede Knospe und Blüte zeigt eine eigene Mini-Aura, alle erfüllt von göttlichem
Licht. Die Aura des Zweiges strahlt neben dem Rosa der Liebe auch das Gelb einer
gewissen Erkenntnis aus, was auf die hohe Entwicklung der Rosen-Devas zurückzuführen ist. Die Sterne und die Doppelringe zeigen göttliche Lebenskräfte an, die Lichträder um die Pflanzen verkörpern die Sonnenkraft.

Da die Heckenrose einen einzigartigen Austausch von Sonnen- und Erdkräften in sich
vollzieht, sind die Rosenblätter und die Hagebutten so heilsam. In ihrer Verwendung
nimmt der Mensch ein wenig von der Kraft und Schönheit der Rosen-Devas in sich auf.

eit uralten Zeiten gibt es eine enge Beziehung von Mensch und Baum. Bäume galten als Orte der Kraft und manchmal sogar der Heiligkeit. Unter ihren Wipfeln wurden sakrale Treffen veranstaltet und Recht gesprochen. Es wurde getanzt und getötet, gesungen und gekämpft. Bäume könnten die ganze Entwicklungsgeschichte der Menschheit verkünden!

Abbildung 29 Die Auren der Bäume

Bäume zählen im Pflanzenreich zu den am höchsten entwickelten Wesen. Manche von ihnen wachsen noch unter der Führung einer Gruppenseele auf, die ehrwürdigen alten Baumriesen jedoch, wie etwa die gigantischen Redwood-Sequoias Kaliforniens, sind bereits Individualitäten. Man sollte sich einmal ins Bewusstsein rufen, dass manche jener einzigartigen Wesen schon wuchsen, als Echnaton Pharaoh in Ägypten war! Es kann daher nicht verwundern, wenn so sensitive Mystiker wie Krishnamurti von den Plätzen, an denen jene Bäume wuchsen, als den „Kathedralen der Bäume" sprach und erst innerlich fragte, ob es „erlaubt sei einzutreten", bevor er die mächtigen Hüter des Waldes besuchte.

Die Aura der Eiche zeigt neben dem Gelb der Erkenntnis das Rosa der Liebe und die Blautöne der Verbindung mit dem Göttlichen. Die orangen Punkte im Weiß der inneren Aura deuten die Ausstrahlung der Lebenskraft an, weshalb „Eiche-Lehnen" in der Tat helfen kann, Schwächezustände des Menschen zu überwinden. Allerdings sollte der Mensch, wenn er die Kräfte eines Baumes nutzt, diesem zum Abschluss danken und seinen Deva um Erneuerung des Baum-Kraftfeldes bitten! Wenn ein einzelner Ast eines Baumes abgestorben ist, wie im Bild am linken oberen Rand der Krone, so zeigt sich dort nur noch eine minimale Ausstrahlung der Lebenskraft. Die majestätische Eiche als solche jedoch ist eine Quelle der Kraft und ein Ort, an dem der Mensch neue Lebensenergie auftanken kann.

Die Kiefer gilt als das Symbol der Lebenskraft und der Unsterblichkeit, was dadurch bedingt ist, dass die Kiefern-Devas ein hohes Maß an Erkenntnis und Liebe erworben haben. Das Weiß, Gelb und Rosa der Kiefern-Aura drückt diese Qualitäten sehr schön aus. Die orange-roten Punkte am Rand der Aura zeigen die große Vitalität des Baumes an.

Die Kiefer gilt als das Symbol der Lebenskraft und der Unsterblichkeit.

Die majestätische Eiche als solche jedoch ist eine Quelle der Kraft und ein Ort, an dem der Mensch neue Lebensenergie auftanken kann.

Die Fichte ebenso wie die Tanne galt seit jeher als das Symbol des ewigen Lebens, was sich auch in der Wahl zum „Weihnachtsbaum" ausdrückt, wo sie den Christus-Geist in jedem Wohnzimmer verkörpern sollen. Auch die Devas der Fichten haben große Erkenntniskräfte entwickelt, deren Gelb sich in der Aura der abgebildeten Bäume mit dem Rosa der Liebe vermischt. Die roten Punkte am Rand der Aura zeigen an, dass auch diese Fichten über eine gesunde Vitalität verfügen.

Die Anthroposophin Ymelda Hamann-Mentelberg hat in einem außerge-wöhnlichen Buch ihre inneren Erfahrungen mit Blumen beschrieben, die für sie alle eine „Signatur des Himmels" tragen. Blumen verkünden eine Botschaft und verbinden Himmel und Erde. Wer sie mit inneren Augen zu betrachten vermag oder mit der Seele ihre verborgene Offenbarung erfühlt, erlangt einen Schlüssel in die Himmelswelt. Die nachstehenden beiden Gedichte und Gemälde, die Sonnenblume und die Lilie betreffend, lassen etwas von der Schönheit dieser Sphäre erahnen, in der die Seelen der Pflanzen ihre eigentliche Heimat haben.

Sonnenblume • Helianthus

Helianthus, hehre Sonnenbraut
Gerüstet für den Götterhelden
Mit deinem lanzengleichen Stengel,
Mit deiner grünen Blätter Schilde,
Mit deiner Blüte Leuchte Schale,
Gefüllt mit Öl, gleich jener klugen Jungfrau'n,
So harrest du des Bräutigams.

„Wer ist wie Gott?", dein Strahlenantlitz
ruft es.
Und Michael, er höret seinen Namen.

Durch Herbstesflammen, Wälderrauschen
Mit Speer und Schild, geschmückt mit
deinem Bild,
So eilen seiner Engel Heere ihm voraus.
Im Dunkel drücken sich Dämonen,
In Finsternis des Drachens Dräuen. –
Und dann kommt Lichtes-Ruhe-Atem-Stille.
Erhebend neigst du, Herrliche, dein Haupt
Vor seines Blickes Blitz,
Vor seines Schwertes Flammenspitze.
Mit Himmelsaugen füllt sich deine Schale
Und milde spricht sein Mund:
„Natur will eingeh'n in das große Sterben,
Doch du, Helianthus, meine Sonnenbraut,
Sollst ihr den letzten Leuchtessegen geben."

Dann stehst du hoch und einsam
In der goldnen Flut.
Noch tiefer sinkt die reife Schale. –
Du lächelst weise,
wenn sich Fink und Meise
Im Flügeltanz erhaschen ihre Speise
Vom Hochzeitsmahl der Sonnenbraut.

Die weiße Lilie

Sprach der Herr so mächtiglich:
„Licht es werde."
Und es barst die dunkle Erde
Von des Licht's gewalt'ger Kraft.
Weitet sich zum Sternenkreise
In des Schöpfers Götter-Weise. –
Ward – zur Blüte
In des Engels reinen Händen.
Lilie, weiße Lichtgeburt
Dreifach zeigst Du Deine Gaben:
Reines Wollen, reines Fühlen, reines Denken
Offenbarst Du.

Lichtes Leiden, Lichtes Taten
Wundernd leuchten Farben auf
Steigen in die Düsternisse
Trübend sich in Seelengrau.
Bis sich opfernd Menschenseelen
Reinigen von Daseinsgier
Reinigen von Strebenswahn
Reinigen von Triebeslust,
Naht sich ihnen, gleich Marien
Engel mit der Lilienblüte.

Alle Farben hell durchlichtend
Menschenhaupt umfließt es golden
Durch des reinen Denkens Kraft.
Menschenbrust umhüllt es blauend
Durch des Himmels reines Fühlen.
Menschenleib umschließt es rosig,
Durch des reines Wollens Glut.
Und der Engel hebt die Blüte
Spricht zur Menschenseele weisend:
„Hege reine Lichtgeburt
In den Tiefen Deines Wesens,
Heil ist Dir dann widerfahren."

Gedankenformen 5

D as menschliche Leben wird in einem Ausmaß vom Denken bestimmt, dass es immer wieder verwundert, wie wenig Aufmerksamkeit der Erforschung der Gedankenkraft gewidmet wird. Jeder kennt Aussprüche wie „Wissen ist Macht" oder „Ideen verändern die Welt", aber nur bei wenigen nachdenklichen Geistern löst dies eine intensivere Erforschung jener Energien aus, welche die Gedanken prägen.

Charles W. Leadbeater unterscheidet in seinem großen Grundlagenwerk „Gedankenformen" drei Qualitäten, welche entscheidend bei der Entstehung und Ausgestaltung von Gedanken sind:

1) Die Beschaffenheit eines Gedankens bestimmt seine Farbe.
2) Die Natur eines Gedankens bestimmt sein Form.
3) Die Bestimmtheit des Gedankens ist die Ursache der Schärfe seiner Umrisse.

Diese Grundbestimmungen bleiben auch bei den nachstehenden Analysen bestimmter Gedankenformen leitend. Sie bauen auf hellsichtigen Beobachtungen auf, indem die dazu befähigten Seher bestimmte Ideen, Wünsche, Gedanken, Sehnsüchte, Gebete oder andere Gefühlsregungen oder Denkvorgänge in ihrer Entstehung und ihrer Weiterentwicklung beziehungsweise Auswirkung betrachteten.

„Es gibt nicht Neues unter der Sonne, alles ist schon einmal da gewesen". Salomon

Abbildung 32 Gedanke der Wiederkehr

„Es gibt nicht Neues unter der Sonne", sprach Salomon; und die stoische Philosophie lehrte: „Alles ist schon einmal da gewesen." Diese Vorstellung, dass nichts im großen Spiel des Lebens verlorengeht, sondern alles wiederkehrt und nur die Form wandelt, drückt die abgebildete Gedankenform aus. Die Idee von der Wiederkehr allen Lebens schießt in blendendem Weiß, gleich einem Kometen, durch das All, dabei feuriges Orange, Purpurrot und Violett mit dunklem Blau erzeugend, alles Ausdrucksformen eines erleuchteten Denkens. Diese Gedankenform mag dem Betrachter verdeutlichen, wie unbedeutend die kleinen Sorgen des Alltags angesichts der Ewigkeit des LEBENS sind. Was allein zählt, ist das geistige Voranschreiten durch die unendlichen Schöpfungen des Weltalls.

Gold-orange Strahlen zeigen die Freude

Ein Mensch, der sich mit ganzem Herzen dem Göttlichen Geist zuwendet, erzeugt zuerst zarte, spiralförmige Gebilde und wogende Nebel in verschiedenen Blautönen, die mit Weiß gemischt sind. Aus diesen Grundgebilden formen sich dann die konkreten Gedanken, in der Abbildung 33 die beiden Halbmonde in Hellblau und darüber der wundervolle Blütenkelch im Dunkelblau des völligen Vertrauens in die göttliche Allmacht. Der über der Blüte aufleuchtende Stern sowie die gold-orangen Strahlen zeigen die Freude über die gewonnenen geistigen Erkenntnisse an. Über die Hingabe und das Vertrauen erwächst die Einsicht. Über die Liebe zur Freiheit und von dort zur Wahrheit – diesen grundlegenden

Abbildung 33 Gedanke religiöser Hingabe

Prozess des geistigen Pfades symbolisiert die abgebildete Gedankenform in vollendeter Schönheit.

Abbildung 34 Gedanke einer geistigen Erkenntnis

Das Auge im Dreieck, das allgemein als Symbol Gottes gilt, zeigt in dieser Abbildung tiefes Erkennen an, wobei die weiß-golden flammende Augenbraue ausdrückt, dass es sich um eine geistige Erkenntnis handelt. Das Auge befindet sich im Inneren eines goldenen Tropfens, der von oben sanft herab schwebt, während die flammende Augenbraue nach oben hinauf strebt. Die Wechselwirkung dieses Vorganges deutet den sich zur Erde senkenden göttlichen Segen sowie die daraus entstehende Erkenntnis an, welche im Menschen die Sehnsucht nach den Sternen weckt.

Der blaue Untergrund des Bildes verdeutlicht, dass die Erkenntnis auf der Grundlage eines tiefen Glaubens und vollkommenen Vertrauens in die göttliche Weisheit gewachsen ist.

Kaum ein anderer spiritueller Lehrer hat über das Mysterium der Liebe so tief gesprochen wie Krishnamurti. „Reine Liebe gleicht dem Duft der Rose, die sich an alle verströmt", schrieb er einmal und verglich sie mit der Sonne, die sich nicht darum

Abbildung 35 Gedanke der All-Liebe

sorgt, auf wen sie scheint. Das Problem der Menschen ist es, sich selbst zu wichtig zu nehmen. Erst wenn das kleine Ich, die begrenzte irdische Persönlichkeit, zur Seite getreten ist, kann Gott wirken, ein Gedanke den Krishnamurti mit Sri Aurobindo teilte. „So ist Gott da, wenn Sie nicht sind. Wenn Sie sind, ist er nicht. Wenn Sie nicht sind, ist Liebe. Wenn Sie sind, ist keine Liebe."[2]

Diese Form der Einheit mit der All-Liebe drückt die abgebildete Gedankenform aus. Das Herz in der Mitte des Bildes zeigt das kraftvolle Rosa der Liebe zu allen Geschöpfen. In ihr befindet sich, wie in einem geöffneten Medaillon, eine zehnblättrige Rose – ein uraltes Symbol der Liebe. Der in ihrer Mitte verankerte Davidstern sendet

2 Krishnamurti, Frei sein, Bern (o.J.), S. 18

weiße und goldene Strahlen aus und symbolisiert die Durchdringung der sichtbaren und der unsichtbaren Welt. In seiner Mitte wiederum leuchtet ein goldenes Ankh auf, das heilige Henkelkreuz der ägyptischen Mysterienweisheit. Das Herz ist umgeben von zwei weiß-goldenen Flammenkränzen und den Rosa-Tönungen der selbstlosen Liebe. Das dazwischen überall aufschimmernde Goldgelb macht deutlich, dass All-Liebe nur dort wahrhaft möglich ist, wo auch geistige Erkenntnis vorhanden ist. Dann mag ein Verständnis aufkommen für die tiefe Wahrheit des Satzes von Walter Russell: „Liebe kann man nicht nehmen – nur geben."

Abbildung 36 Wissenschaftlich-logischer Gedanke

Der Kristall steht als Symbol für die Klarheit des Geistes. Er versinnbildlicht zudem die Vereinigung des Geistes mit der Materie. Grün steht hier für den ausgeprägten Intellekt, für die entfalteten Verstandeskräfte.

Der Kristall in der Bildmitte verdeutlicht die Geistesklarheit des Menschen, der diese Gedankenform hervorgebracht hat. Der Kristall wird umhüllt vom hellen Gelb der Intuition und vom hellen Grün einer inspirierten Intelligenz. Ein Mensch, der derartige Gedankenformen erzeugt, dient mit seinem Wirken dem Göttlichen Plan. Er verfügt über eine klare Verstandeskraft und ein wissenschaftlich-logisches Denken. Diese Form wissenschaftlichen Forschens ist kreativ und im Einklang mit den großen

Schöpfungsgesetzen. Sie bringt Licht in die Dunkelheit und vermittelt der Menschheit neue Erkenntnisse, was die sechzehn silbrig-weißen Sterne andeuten. Die Abbildung zeigt das Wirken des LOGOS in der materiellen Welt an.

„Angst zieht das Böse an", warnte Krishnamurti einmal seine Freunde. Die Angst ist der eigentliche Feind des Menschen, da sie das Tor zum LICHT verschließt. Sie behindert den geistigen Fortschritt und blockiert die Erfüllung jenes Lebensplanes, den sich jeder Erdenbürger vor seiner Inkarnation mit seinem Engel erstellt hat.

Würde der Mensch sich allzeit auf seinen inneren göttlichen Funken besinnen, bliebe die Verbindung zum Göttlichen im Äußeren stets gewahrt. Er wäre angeschlossen an die unbegrenzten Segensströme von Liebe und Inspiration.

Abbildung 37 Gedanke der Furcht

Die Abbildung 37 zeigt das genaue Gegenteil an. Die Gedankenform der Furcht drückt sich durch eine einwärts drehende Spirale aus. Die dominierenden Grautöne zeigen die Angst in der Gottferne an, die bis hinab in das „schwarze Loch des Atheismus" führen kann. Das Bild macht den Ausspruch nachvollziehbar: „Ich möchte vor Angst in ein Mauseloch kriechen." Die Angst zieht in das „Loch der Gottlosigkeit", das nur scheinbar Schutz verspricht, in Wahrheit jedoch für Verlorenheit steht.

Wer den Schmutz und das Grau (Grauen!) mancher Städte sieht, der mag sich leicht ein Bild von der Furcht und Angst machen, die hinter den Mauern herrschen. Es gilt, diesen Schattenkräften die Macht des Lichtes und der Ermutigung entgegenzusetzen, um allen Menschen den Weg zurück aus der Spirale der Gottferne zu ermöglichen. Nur ein Geist, der die Angst überwunden hat, kann wahrhaft frei sein.

Abbildung 38 Gedanke der Eifersucht

Der französische Philosoph Henri-Frédéric Amiel schreibt in seinem leider viel zu wenig beachteten „Tagebuch": „Eifersucht ist ein schreckliches Gefühl.

„Eifersucht ist ein schreckliches Gefühl. Es ähnelt der Liebe, ist dieser jedoch vollkommen entgegengesetzt."

Es ähnelt der Liebe, ist dieser jedoch vollkommen entgegengesetzt. Die Eifersucht hat es nicht auf das Wohl des geliebten Objekts abgesehen, sondern will dessen Abhängigkeit und den eigenen Triumph. Liebe ist das Vergessen des eigenen Ichs; Eifersucht ist die leidenschaftlichste Form von Egoismus, ist die Verstärkung des despotischen, fordernden, eitlen Ichs, das sich nicht vergessen und nicht unterordnen kann. Ein vollkommener Kontrast." Diese Worte könnten die exakt passenden zur Beschreibung der Abbildung 38 sein.

Die Gedankenform besteht, vor dem grauen Hintergrund der Angst, nur aus Rot- und Grüntönen, den Farben einer von Leidenschaft dominierten Intelligenz. Die runde Grundform des hellen Rot wäre an sich positiv, stünde sie doch für die irdische Liebe zwischen zwei Menschen. Sie wird in diesem Fall jedoch begrenzt durch das Dunkelrot einer leidenschaftlichen Sinnlichkeit, die gefangen ist hinter einem grünen Gitter. Aus dem Grau der Angst, nämlich der Angst, den Besitz eines 'geliebten' Menschen zu verlieren, bildet sich am rechten unteren Bildrand eine rot-grüne dreieckige Form, die ihre grünen Pfeile über die ganze rote Form verschießt. Die Begierde der Verstandeskräfte überdeckt vollständig die reine Liebe. Die Eifersucht sucht nach Anzeichen von Untreue, die ja den „Besitzanspruch" mindern würde. Daher richten sich die Pfeile sowohl auf den 'geliebten' Partner als auch auf alle jene, welche als eine 'Gefahr' für die bestehende Beziehung betrachtet werden. Damit ist der Eifersüchtige auf dem besten Wege, jegliche vorhandene Liebe zu zerstören. Als Überschrift über dieser Abbildung könnte daher auch das beliebte Wortspiel stehen: „Eifersucht ist eine Leidenschaft, die mit Eifer sucht, was Leiden schafft."

Die Antwort auf diese Gedankenform kann man in Krishnamurtis „Einbruch in die Freiheit" finden, wo er ausführt: „Wissen Sie nicht, was es wirklich bedeutet, jemanden zu lieben – ohne Hass zu lieben, ohne Eifersucht, ohne Ärger, ohne den Wunsch, sich in das, was der andere tut oder denkt, einzumischen, ohne zu urteilen, ohne zu vergleichen –, wissen Sie nicht, was das bedeutet? Stellt man Vergleiche an, wenn man liebt? Wenn Sie jemanden von ganzem Herzen lieben, mit allen Kräften des Geistes und des Körpers, mit Ihrem ganzen Wesen – gibt es da noch ein Vergleichen? Wenn Sie sich dieser Liebe völlig hingeben, gibt es nichts anderes."[3]

In der Meditation kann der Mensch seine Gedanken über die Erde hinaus zu Gott erheben. Er öffnet sich für das Licht von oben, für die Inspiration seiner eigenen Seele, seines göttlichen Funkens. Dieser Gottesfunken wird auf Abbildung 39 im Innersten des Herzens als weißer Kreis angedeutet. Von diesem gehen zwei breite Strahlen aus, geprägt vom Gelb der Intuition, vom Blau der tiefen Spiritualität und vom Rosa

3 Krishnamurti, Einbruch in die Freiheit, Grafing 1997, S.73

Abbildung 39 Gedankenform in der Meditation

reiner Liebe. Die parallel verlaufenden Farbstriche deuten weitere Impulse an, die aus dem Wesenskern der meditierenden Person ausströmen, darunter das Orange der Lebensfreude, die Fliederfarbe der Entsagung, der wahren Selbstlosigkeit, das Blau vollkommener Hingabe oder das helle Grün inspirierter Intelligenz.

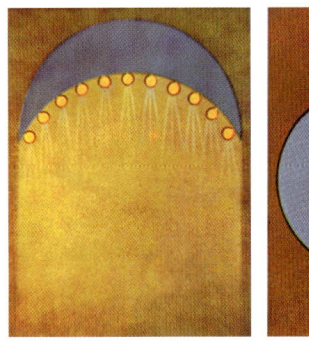

*Ein lauteres Denken ist
der beste Schutz
für die eigene Aura*

Abbildung 40 Hilfreiche Gedanken

Die Swastika und die goldene Flamme über dem Herzen sind weitere Symbole eines erleuchteten Denkens und einer meditativen Verbundenheit mit dem Göttlichen, die dann in ihrer Ausstrahlung den empfangenen Segen an die Welt weitergeben.

Der beste Schutz für die eigene Aura ist zuerst einmal ein lauteres Denken. Darüber hinaus können bewusst ausgesandte, liebevolle Gedanken auch eine große Hilfe und Kraftquelle für andere sein. Die abgebildeten Gedankenformen drücken Liebe, Unterstützung, Ermutigung oder Stärkung aus. Wenn man berücksichtigt, wie im Abschnitt über den „Mentalkörper" ausgeführt, dass jeder Mensch ständig von einer Fülle von Gedankenwellen und Gedankenformen berührt und teilweise sogar durchdrungen wird, dann mag man erahnen, welche große Hilfe positive Gedanken darstellen, die aus Liebe von Freunden, Partnern oder Verwandten ausgesandt werden. Sie gleichen „mentalen Blumensträußen", die als Botschafter der Liebe die Aura berühren, sie stärken und für das Licht durchlässiger machen.

Die Gedanken, die den Menschen heute berühren, hat er gestern gedacht; und so, wie der Mensch heute denkt, wird er morgen sein. Annie Besant hat diesen Prozess einmal sehr präzise beschrieben: „Unsere gegenwärtige Fähigkeit, auf Gedanken zu reagieren, die von außen auf uns zukommen, hängt davon ab, welche Art von Materie wir in der Vergangenheit in unseren Mentalkörper eingebaut haben. Besteht dieser aus feinerem Material, dann wird er auf rohe und böse Gedanken nicht reagieren und diese können auch keinen Schaden stiften; besteht er dagegen aus grobem Material, dann wird er von jedem vorbeiziehenden bösen Gedanken beeinflusst werden, auf gute Gedanken aber nicht reagieren und von ihnen keinen Nutzen ziehen."[4] Ein bewusstes Leben erfordert ein bewusstes Umgehen mit den eigenen und den zugedachten Gedanken. Wer es hier an Wachheit mangeln lässt, wird zum Spiel der Gedanken anderer, ohne sich dessen überhaupt bewusst zu sein. Er lebt nicht sein Leben, sondern er wird gelebt!

4 Annie Besant, Das Denkvermögen, Graz 1979, S.33

Fallbeispiele 6

D ie nachfolgend geschilderten Beobachtungen der Aura einzelner Personen verdeutlichen, wie sich das gesamte Schicksal eines Individuums über seine Aura erkennen lässt. Die ausgewählten Fälle basieren auf dem Meisterwerk „Die Aura", von Dora Kunz, einer der bedeutendsten Hellseherinnen des 20. Jahrhunderts. Das in Java als Dora van Gelder geborene Mädchen besaß von Kindheit an die Fähigkeit, die feinstofflichen Welten zu erschauen. Bereits als ganz junge Frau zog sie nach Australien um, wo sie für etliche Jahre die engste Vertraute von Charles W. Leadbeater war, dem einflussreichsten esoterischen Schriftsteller des vergangenen Jahrhunderts. Ende der zwanziger Jahre heiratete sie Fritz Kunz, einen brillanten Intellektuellen, der später zum Nestor der grenzüberschreitenden Forschung zwischen Natur- und Geisteswissenschaft werden sollte. Autoren wie Capra, Sheldrake oder Wilber wären ohne seine wegweisende Arbeit gar nicht denkbar gewesen.

Neben der Erforschung der höheren Dimensionen des Lebens sah Dora Kunz ihre vorrangige Arbeit noch in der Heilung ihrer Mitmenschen. Als begnadete Heilerin entwickelte sie in den USA eine Heilkunst, die sie „Therapeutic Touch" nannte. Mit Unterstützung zahlreicher Ärzte und Krankenschwestern gelang es ihr, Therapeutic Touch sogar an Krankenhäusern zu etablieren und eine landesweite Anerkennung für diese Form des geistigen Heilen zu erreichen. Sie starb 94-jährig in Kalifornien, nachdem sie fast ein ganzes Jahrhundert aus dem Blickwinkel des Diesseitigen *und* des Jenseitigen beobachtet hatte.

Abbildung 41 Ein sieben Monate altes Baby

Die Abbildung zeigt einen sieben Monate alten gesunden Jungen. Dieses Fallbeispiel wurde ausgewählt, um die Entwicklung der Aura von ihren Anfängen zu schildern.

Nach der Geburt erlebt die Aura einige grundlegende Veränderungen. Beim Ungeborenen war die ganze Aura in farbige Schichten eingehüllt, welche die Grundzüge des Charakters widerspiegeln, da das Kind bisher noch nicht in Kontakt mit der äußeren Welt treten konnte. Im Augenblick der Geburt ändert sich diese Situation, denn mit dem ersten Atemzug beginnt das Baby den Austausch mit seiner Umgebung und fühlt diesen auch. Die elementaren Gefühle ordnen sich, und ihre Entfaltung setzt ein.

Mit sieben Monaten begann das hier abgebildete Baby Kontakt mit seiner Umwelt aufzunehmen und auf dieses Erleben anzusprechen. Die Form der Aura entspricht der ersten Phase des Übergangs von der Kugel des Ungeborenen, ist aber immer noch viel runder als die Aura eines Erwachsenen. Die Verteilung der Farben ist ebenfalls ganz anders, denn beim Kleinkind sind die einzelnen Teile schwerer zu unterscheiden. Sie fließen und verschmelzen miteinander, denn die Gefühle eines Babys sind sehr flüchtig; im einen Augenblick kann es weinen, und im nächsten schon wieder lächeln. Die ganze Aura ist auf eine gewisse Weise transparent, was sich allerdings bildlich nicht darstellen lässt. Sie wirkt ein wenig wie ein sanft schimmernder Opal, in dem Farben aufblitzen und sich wieder verflüchtigen.

Um den oberen Teil des Körpers und um den Kopf ist ein großer gelber Bereich zu erkennen, der anzeigt, dass das Baby beginnt, von seinem Denkvermögen Gebrauch zu machen, um seine Umgebung zu erkunden. Obwohl das Denkvermögen noch sehr beschränkt sein dürfte, zeigt die gelbe Farbe doch an, dass der Junge eine große Intelligenz entwickeln wird. Der größere rosafarbene Bereich steht für Zuneigung; denn dieses Kind hat noch nichts anderes als liebevolle Versorgung kennengelernt.

Die weiteren, den oberen Teil der Aura umgebenden Farben, ein helles Blaugrün und Lavendel, sind vage und schwach ausgeprägt. Sie zeigen die Verbindung des Babys mit seiner geistigen Herkunft – eine nur schwach bewusste Wahrnehmung, die für eine gewisse Zeit über allen Babys vorzufinden ist.

Die grüne Zone, ein Merkmal für die Aura eines Erwachsenen, hat sich noch nicht ausgebildet, weil das Kleinkind noch nicht gelernt hat, sich in der materiellen Welt Ausdruck zu geben oder eine Kontrolle über seine Umgebung auszuüben. In diesem Alter sind die Farben der Aura gewissermaßen eingekapselt oder nach innen gekehrt, anstatt ihre Energie in das allgemeine Emotionalfeld zu entladen. Dies ist zum einen ein Schutz des Babys vor emotionalen Erschütterungen; darüber hinaus ist es eine Folge der elementaren Egozentrik (die sich an dem braunen Fleck am Grunde der Aura zeigt), eines fast notwendigen Merkmals aller kleinen Kinder, die ihr Ich-Gefühl entwickeln müssen, um zu lernen. Sehr kleine Kinder denken fast nur an ihre eigenen Bedürfnisse; wenn sie aufwachsen und sich anderen Kindern sowie ihrer Umgebung zuwenden, öffnet sich auch ihre Aura.

Die konzentrischen Ringe von kräftiger Farbe, welche die Grundcharakteristika des Ungeborenen zeigten, verwandeln sich ebenfalls bei der Geburt. Beim Baby treten an ihre Stelle eine Reihe kleiner Gebilde, die an Blütenblätter oder Flügel erinnern und vom Zentrum der Aura ausgehen. Diese „Blütenblätter", die nicht so starr oder fest sind, wie sie auf dem Bild erscheinen, kann man in den Auren aller Kleinkinder finden. Sie stellen die Keime des bevorstehenden Gefühlslebens dar und zeigen Temperament und mögliche Begabungen an. Ihre Zahl schwankt von Fall zu Fall; in der Regel sind es vier oder fünf.

Bereits in einem so zarten Alter beginnen sich diese Talente zu entfalten. Zur Zeit sind sie noch im Bereich des Körpers und seiner Energien, aber Monat für Monat dehnen sie sich aus, bis sie schließlich den ganzen oberen Teil der Aura ausfüllen. Bei manchen Babys entfalten sich ein oder zwei der Blütenblätter rascher als die anderen; in diesem Falle jedoch weiteten sie sich gleichzeitig.

Das unterste Blütenblätter-Paar ist dunkelgrün. Der Farbton lässt darauf schließen, dass der Junge praktisch veranlagt ist und mit beiden Füßen auf dem Boden stehen wird. Es zeigt, dass er körperlich in guter Verfassung ist und die Möglichkeit aufweist, seine körperliche Geschicklichkeit zu entfalten. Über den grünen befinden sich zwei rosa Blütenblätter. Diese deuten an, dass der Knabe voller Zuneigung sein wird, aber etwas dazu neigt, in Wut zu geraten oder Launen zu zeigen. Leichte Stresslinien im Rosa lassen erkennen, dass er im späteren Leben emotional angespannt sein könnte.

Das Dunkelblau über dem Rosa ist eine kräftige Farbe und weist auf eine beträchtliche Menge an potenzieller Energie hin. Sie ist ein Anzeichen für einen starken Willen, den das Individuum auch einsetzen wird, um seine Gefühle zu beherrschen und sein Handeln zu lenken. Die Willensstärke kann jedoch auch zur Sturheit tendieren. Die Intensität aller Farben zeigt, dass das Individuum immer starke Gefühle haben wird; ihre Platzierung lässt jedoch darauf schließen, dass er sie insgesamt immer gut unter Kontrolle behalten wird. Die violetten Blütenblätter über den blauen gelten als Indiz für eine ritualistische Wendung im Denken, die sich jedoch wahrscheinlich eher als Vorliebe für Ordnung und Angemessenheit im Leben äußern wird, vielleicht jedoch auch als ein Interesse an Kunst und Ästhetik.

Im unteren Teil der Aura sind drei karmische Zeichen zu erkennen. Eines von ihnen zeigt an, dass das Individuum ein emotionales Problem haben wird, bei dem es vor allem mit sich selbst, nicht mit anderen zu kämpfen haben wird. In einem anderen karmischen Zeichen waren etliche Gesichter zu sehen, die für einen beruflichen Austausch mit vielen Menschen stehen, bei dem es auch gilt, mit Opposition umzugehen. Das dritte karmische Zeichen war ein Hinweis auf eine spirituelle Auseinandersetzung.

Aufgrund ihres langen Lebens konnte Dora Kunz dieses Kleinkind während vieler Jahrzehnte beobachten und beschrieb fünfzig Jahre später diese Individualität, die sich inzwischen zu einem erfolgreichen Geschäftsmann entwickelt hatte. Er zeigte einen starken Willen und bewies selbst unter schwierigen Umständen eine gute Selbstbeherrschung. (Was die blauen Blütenblätter bereits angedeutet hatten!) Er wies ein freundliches und zugängliches Temperament auf und zeigte sich als liebevoller und zärtlicher Familienvater. Das gesunde, kräftige Baby wuchs auch zu einem gesunden und kräftigen Mann heran, der zudem ein glänzender Sportler war. Wie eines der karmischen Zeichen aussagte, musste er in seinem Geschäftsleben einige starke Widerstände überwinden.

Die von der purpurnen Farbe angedeuteten Talente wurden weniger ausgebildet. Als junger Mann zeigte das Individuum Interesse an Literatur und Philosophie, ging dann aber einen Weg in die freie Wirtschaft und wurde Unternehmer. Der Sinn für Kunst und Musik ist jedoch wach geblieben, und der Mann sammelt heute chinesisches Porzellan. Das Blau in seiner Aura sprach von Anfang an für Willensstärke und Entschlossenheit, die er auf intelligente Weise vollkommen entfaltet hatte.

Zusammenfassend lässt sich sagen, dass dieses Individuum weitgehend jene Anlagen ausbildete, die Dora Kunz als Kleinkind in seiner Aura erkennen konnte. Der Umstand, dass einzelne Begabungen nicht ausgearbeitet wurden, dürfte ein Hinweis darauf sein, dass der Mensch innerhalb seiner Inkarnation doch über einen erheblichen Freiheitsraum verfügt – eine Tatsache, die Dora Kunz stets deutlich betonte!

Abbildung 42
Eine Künstlerin in den Dreißigern

Bei der hier abgebildeten Person handelt es sich um eine Frau, die engagiert ihre Karriere verfolgte. Es ist die Aura einer praktizierenden Künstlerin, die ihren Lebensunterhalt seit Jahren durch ihre künstlerische Arbeit verdient. Dies lässt sich unschwer an der Breite, Tönung und Leuchtkraft der grünen Aura-Zone erkennen, die von einer begabten Künstlerin zeugt, bei der Kopf und Hände, Wahrnehmung und Ausführung gut übereinstimmen. Sie arbeitete mit Glas und Holz, und war dabei sowohl praktisch als auch vielseitig.

Der Grund der Aura ist vom Braun der Egozentrik gefärbt. Dieser Zug ist beim Menschen fast instinkthaft, da er bei jedem in der einen oder anderen Form anzutreffen ist. Wenn er, wie hier, ganz unten erscheint, bedeutet der „Egoismus" mehr eine Art angeborenes oder latentes Verlangen, man selbst zu sein oder die Dinge zu haben, die einem dies ermöglichen – nicht so sehr der egoistische Wunsch, im Mittelpunkt der eigenen Welt zu stehen.

Der unterste Teil der Aura birgt in der Regel die Reste früherer Erlebnisse, wobei das, was unterhalb der Füße angesiedelt ist, fast ganz aus dem Bewusstsein geschwunden ist. Allerdings kann es noch unbewusst weiterwirken. Bereits als Kind experimentierte diese Frau mit verschiedenen Möglichkeiten, Dinge zu tun, wie der große grüne Bereich um ihre Füße zeigt. Die Wirbel sind Ergebnis ihrer kindlichen Sehnsüchte. Sie neigte dazu, endlos über Dinge nachzugrübeln. Das blaue Kreuz stammt aus ihren Träumen im Kindesalter, die sie oft erschreckten, aber auch von ihren vagen Bestrebungen, die höchsten Aspekte ihres Wesens zu erkennen und zum Ausdruck zu bringen.

Die anderen gelben und grünen Wirbel, die man etwas weiter oben sieht, sind Reflexionen von Erlebnissen in früher Jugend und als junge Frau. Ihre Farbe verrät, dass die Frau einigen Kummer und Enttäuschung in Zusammenhang mit dem erlitt, was sie aus ihrem Leben machen wollte. Der rote „Korkenzieher" muss von einer sehr gefühlvollen Episode herrühren, die sie schmerzlich erlebte und bei der sie sich in einer Falle empfand. Die tropfenähnliche Formation zur Linken stammt von einer idealisierten Herzensaffäre, die eher angenehm als schmerzlich war und vielleicht gar nicht auf ganz bewusster Ebene ablief. Wenn solche Konfigurationen etwas höher in der Aura auftauchen, deuten sie auf Ereignisse in jüngerer Zeit hin.

Als dieses Aura-Bild entstand, widmete sich die junge Frau ganz ihrer Kunst und Arbeit für ihren Lebensunterhalt. Sie interessierte sich jedoch auch für metaphysische Gedanken und die Beziehung zwischen Kunst und idealen Formen, wie sie von Platon beschrieben wurden. Sie besaß ein starkes Gespür für Ordnung und befand sich in einer Art symbolischen Wende im Denken, der sie Ausdruck zu geben trachtete. Das Gelb, das an zwei Stellen im oberen Teil der Aura erscheint, zeugt von dieser intellektuellen Suche, aber auch von der Bemühung, etwas von den Gesetzen der Natur zu verstehen.

Die Figuren innerhalb der grünen Zone spiegeln ihr Interesse an dynamischer Symmetrie wider, da sie sich als Künstlerin bemühte, die geometrischen Grundsätze zu verstehen, die Gestalt und Struktur in Natur und Kunst zugrunde liegen. Die hier abgebildeten Figuren sind kein dauerhafter Aspekt der Aura, denn wenn sich Aufmerksamkeit und Interesse anderen Dingen zuwenden, verschwinden sie allmählich.

Der purpurne Fleck unterhalb der grünen Zone ist ein ungewöhnliches Phänomen, denn diese Farbe ist an dieser Stelle gewöhnlich nicht anzutreffen. Die purpurne Fläche zeigt die Anstrengung der Frau, ihr intuitives Gespür im täglichen Leben zum Ausdruck zu bringen. Das korrespondierende gelbe Feld auf der gegenüberliegenden Seite steht für eine ähnliche Bemühung, das Denken im täglichen Erleben zum Ausdruck zu bringen. Das Gelb ist jedoch nicht so klar wie das purpurne Feld, das heißt die Künstlerin war in dieser Hinsicht nicht so erfolgreich.

Eine weitere interessante Erscheinung in dieser Aura ist die rosa Flamme im gelben Feld, das oberhalb der grünen Zone mentale Tüchtigkeit anzeigt. Ursprung der Flamme ist das Gefühl der Bewunderung und Achtung für jemanden, der ihre intellektuellen Interessen anregte, besonders zur Beschäftigung mit archetypischen Formen. Dieses Zeichen sowie die Nebeneinanderstellung von Rosa und Gelb und dem Blau-Violett auf der gegenüberliegenden Seite zeigt, dass die Frau gerne von ihrem Denken Gebrauch macht und ein sehr starkes Verlangen hat, ihre Intuition einzusetzen. Die Blässe dieser Farbe weist jedoch darauf hin, dass die angeborene Begabung zur Zeit nicht besonders ausgeübt wird. Die beiden Streifen – blaugrün auf der einen, blau auf der anderen – beziehen sich auf ihre Wahrnehmung der Schönheit als eines hohen Ideals im Sinne Platons und auf ihre Verehrung dieses Ideals.

Obwohl im oberen Teil der Aura viel Rosa wahrzunehmen ist – was für eine umgängliche, liebevolle Wesensart spricht – spiegelt es sich unterhalb der grünen Zone nicht sehr deutlich wider. Die Frau schien zu der Zeit – außer zu Bruder und Mutter – keine enge persönliche Beziehung zu pflegen.

Dies blieb auch so, denn diese Frau heiratete nie. Sie pflegte im Alter ihre erkrankte Mutter, so dass sie ihre künstlerischen Neigungen nie vollkommen verwirklichen konnte. Sie erfreute sich guter Gesundheit und starb in ihren Achtzigern.

Abbildung 43 Ein Mann in den Vierzigern

Diese Abbildung zeigt einen kräftigen Mann im Alter von etwa fünfundvierzig Jahren. Seinen Talente waren gut entfaltet, und er stand in der Mitte eines aktiven Lebens mit allen damit verbundenen Schwierigkeiten und Problemen. Dies belegt die starke Färbung der Aura, besonders im unteren Teil. Die dunklen Farben bedeuten auch, dass er ein beherrschter, zurückhaltender Mensch war, der seine Gefühle nicht leicht mit anderen teilte. Er war ein Mann von starkem Charakter und machtvollen Emotionen, die ihn manchmal in unterschiedliche Richtungen zogen. Er besaß hohe Ideale, nach denen er leben wollte; und so kam es zu inneren Konflikten.

Die großen blauen Bereiche am oberen Pol seiner Aura deuten die Möglichkeit einer tief religiösen Wesensart an. Die unterschiedlichen Blautöne – insbesondere das Blau mit einem Hauch von Purpur – vermitteln dem Betrachter, dass der Mann immer einen geordneten, ritualistischen Zugang zur Spiritualität anstreben würde. Sein Ideal wäre eine Art ethischer Ordnung, die eine Welt vollkommenen Friedens erschaffen würde, in der sich geistige Prinzipien und Maßstäbe widerspiegelten.

Das Gelb oberhalb der grünen Zone zeigt, dass der Mann besonnen und von gutem Denkvermögen war, wenn auch kein Intellektueller. Hier geht das Gelb in ein Gelbgrün über, das darunter liegt und selbst wiederum an die grüne Zone grenzt. Diese „Nachbarschaften" lassen erkennen, dass er sich bewusst bemühte, offenere, mitfühlendere Beziehungen zu anderen Menschen zu entwickeln. Die rosafarbenen Wirbel im gelbgrünen Feld rühren von seinen Anstrengungen her, zu verstehen, wie er den Gegenstand seiner Beschäftigung als altruistische Gesinnung in seinem täglichen Leben umsetzen konnte. Diese Bemühungen wurden oft von Störungen beeinträchtigt. Sie stehen stellvertretend für jede Art gemischter Gefühle, die so viele unter uns erleben, denn es ist durchaus möglich, zwei ganz gegensätzliche Gefühle zugleich zu empfinden. In diesem Falle handelte es sich um eine Kombination von Gereiztheit und dem aufrichtigen Verlangen, das Beste zu geben und anderen zu helfen.

Die grüne Zone ist nicht besonders breit, und ihre gelbliche Tönung macht deutlich, dass körperliche Arbeit nicht das Metier dieses Mannes war. Tatsächlich war er handwerklich nicht besonders geschickt, auch wenn er es sich gewünscht hätte. Gelegentlich versuchte er, etwas zu erledigen, was eine gewisse körperliche Gewandtheit erforderte, zeigte sich dabei jedoch nicht sehr erfolgreich. Das gelbe und rosa Muster, das die grüne Zone durchzieht, ist ein weiteres Anzeichen für seine grundsätzliche Orientierung nach Ordnung. Es steht für seine Arbeit, die methodisch und regulierend war und von seiner natürlichen Neigung profitierte, systematisch zu denken sowie Ordnung und System in alles einfließen zu lassen, was er tat. Die Hälfte dieses Musters war rosa statt gelb, das heißt, er bemühte sich, anderen

Menschen gegenüber freundlich und nett zu sein. Er war immer eifrig bereit zu helfen, besonders in organisatorischen Dingen, denn hier lag seine Begabung.

Betrachtet man die Zeichen der Vergangenheit im unteren Teil der Aura, fällt auf, dass dieser Mann eine sehr schwierige Kindheit gehabt haben muss, in der er von Menschen mit starken, sogar heftigen, gewaltsam ausbrechenden Emotionen umgeben war. Die rotbraune „Ablagerung" am Grund der Aura, die von einer grauen Schicht überlagert wird, zeigt die Auswirkungen starker Emotionen, die im Kindesalter um ihn und sogar in ihm hochkamen, obwohl er versuchte, ihnen zu widerstehen. Auch wenn die Gewalt sich nicht gegen ihn richtete, litt er unter ihr, wie es Kinder tun. Die kleinen, engen Wirbel in diesem Bereich sind Reste jener schmerzlichen Erlebnisse in der frühen Kindheit, denn die Szenen, die er miterleben musste, waren für sein Nervensystem ein Schock und betrafen ihn zutiefst. Die rotbraune Farbe bedeutet weiterhin, dass er in der Jugend Vergnügen und Luxus liebte und sehr viel Wert auf die guten Dinge des Lebens legte – eine Einstellung, die er weitgehend hinter sich gelassen hat.

Die an eine Schlange erinnernde Figur unter seinen Füßen ist nicht nur ein Symbol für wiederkehrende Alpträume, sondern auch ein Indiz, dass manche der Menschen, die in seiner Kindheit zu seiner nächsten Umgebung gehörten, von Feindseligkeit erfüllt waren und in seiner Anwesenheit erbittert stritten. Das Kreuz ist darüber hinaus ein Zeichen von Angst und Konflikt, die hier mit Gefühlen einer religiösen Erziehung verknüpft waren. Beide Symbole liegen in der Aura unterhalb der Füße, beziehen sich also auf eine recht frühe Zeit im Leben dieses Menschen; gleichwohl sind es Spuren, die er noch als Erwachsener trägt.

Der grün und purpurrot gestreifte Bereich rechts unten im Bild rührt von Aktivitäten her, die sehr starke Gefühle in ihm weckten. In seiner Jugend war er sehr rebellisch und sympathisierte mit der revolutionären Bewegung in Russland, die seinerzeit zahlreiche Idealisten begeisterte.

Die roten Streifen verraten, dass der Mann mit Gewaltakten in Berührung kam. Da sie aber mit grünen Streifen abwechseln, wird deutlich, dass er selbst von großem Mitgefühl für das menschliche Leid erfüllt war und daran glaubte, Menschen helfen zu können. Da diese Streifen recht hoch in die Aura empor reichen, sind die damit verknüpften Gefühle noch nicht völlig verschwunden; er empfindet noch immer Zorn über soziale Ungerechtigkeit.

Das Dunkelblau neben diesem gestreiften Bereich ist ein religiöses Empfinden, das zum Teil das Blau aus dem oberen Teil der Aura widerspiegelt. Es zeigt, dass er in seiner Jugend nach einer spirituellen Bewegung suchte, die er als echt empfinden konnte; seine Suche war jedoch halbherzig und ohne wirkliche Überzeugung. Erst viel später im Leben fand er, wonach er gesucht hatte.

Der Mann führte ein turbulentes Leben mit vielen traumatischen Erlebnissen und hatte es noch immer nicht leicht. Die „Spritzer" im grünen Bereich unterhalb der grünen Zone zeigen seine Probleme und Schwierigkeiten im Geschäft, und ihre rosa Färbung stellt die Verbindung zu Problemen mit seiner Frau her. Obwohl diese ihn in vieler Hinsicht – besonders finanziell – unterstützte, empfand sie doch leider nie Sympathie mit den Dingen, die ihm am meisten bedeuteten.

Dieses Aura-Bild ist auch deshalb interessant, weil es einen Menschen in einer Übergangsphase zeigt. Einen Mann, der sich auf den Pfad zur Selbstfindung begibt. Sehr viel Konflikt ist zu erkennen, weil dieser Mensch versucht, seine natürlichen Impulse zu achten und seine persönlichen Probleme in Übereinstimmung mit seinen spirituellen Idealen zu lösen.

Später widmete sich dieser Mann der Meditation, was dazu führte, mehr Ausgeglichenheit und Ordnung in seine Aura zu bringen. Seine Aura wurde, gerade im oberen Bereich, immer heller, und als er etwa zwanzig Jahre später starb, hatte er seine inneren Konflikte weitgehend gelöst.

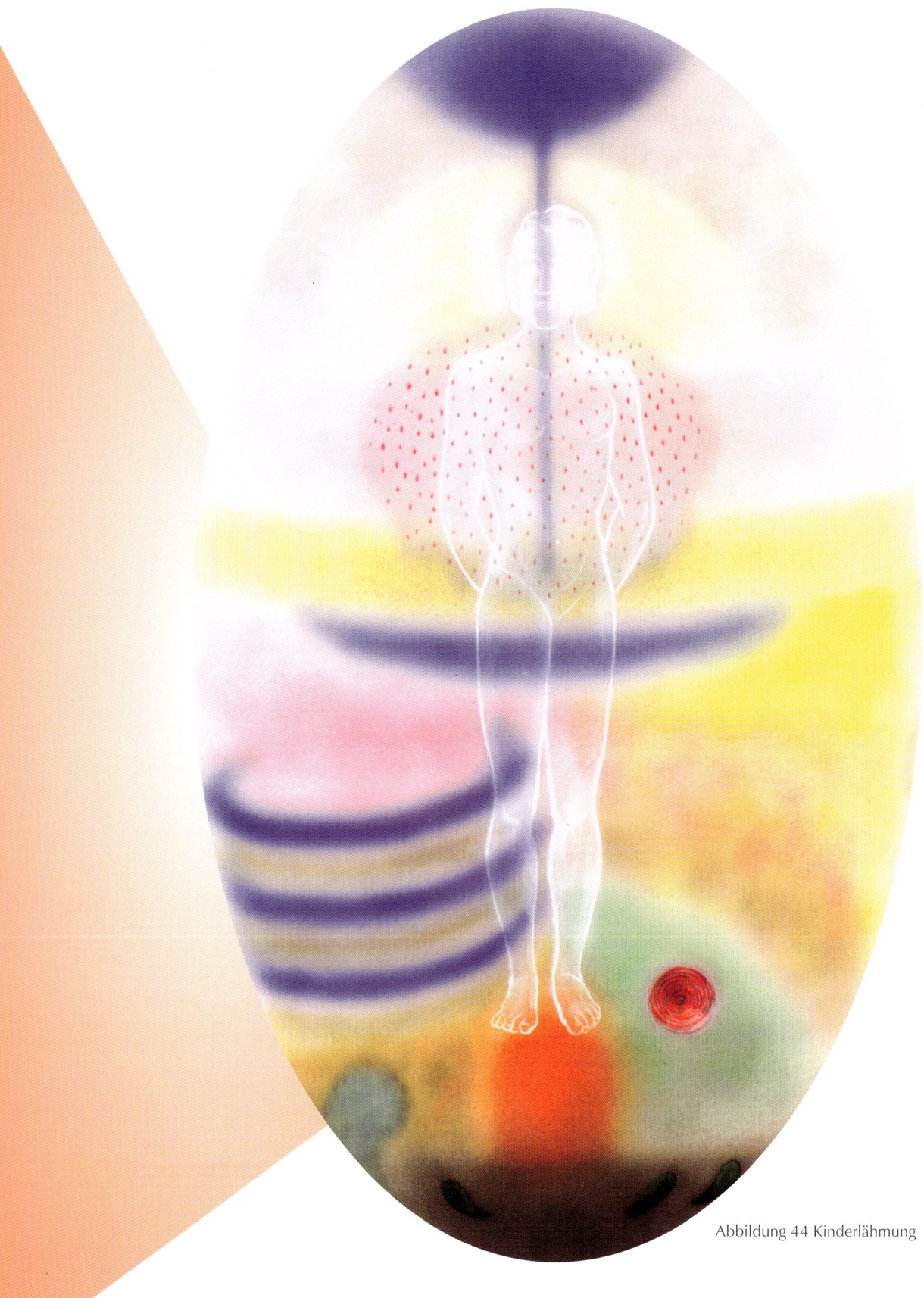

Abbildung 44 Kinderlähmung

Das abgebildete Mädchen erkrankte mit fünfzehn Jahren an Kinderlähmung und war seitdem körperlich verkrüppelt und neurologisch geschädigt. Inzwischen war sie zweiundzwanzig Jahre alt, recht pummelig und schwer, so dass ihr das Gehen Mühe bereitete. Zusätzlich zu den Folgen der Polio wurde ihre Gesundheit noch durch chronisches Asthma erschwert.

Bereits ein erster Blick auf die Aura zeigt, dass sie ihren glatten Rand, außer oben und unten, verloren hat. Die ganze Aura scheint in eine graue Wolke gehüllt zu sein, welche die Energie-Ventile verdeckt. Diese wiederum waren offen, flach, schlaff und viel blasser, als sie sein sollten. Ihr rhythmisches Pulsieren war unregelmäßig, was sich im Bild natürlich nicht darstellen lässt. Alle diese Abweichungen zeigten, dass der Mechanismus zur Aufnahme und Abgabe von Emotionalenergie nicht normal funktionierte. Weil die Ventile so weit offen standen, war das Mädchen vor Belastungen von außen nicht geschützt und konnte Emotionen nur schwer verarbeiten. Sie besaß daher nur wenig Widerstandskraft und ermüdete leicht. Sie befand sich in einem Zustand chronischer Erschöpfung.

Besonders ungewöhnlich in der Aura war die große graue, mit roten Punkten durchsetzte Wolke, welche den ganzen oberen Teil des Körpers einschließlich des Solarplexus bedeckte. Es musste sich um einen vorübergehenden Zustand jüngeren Datums handeln, und Dora Kunz fragte die junge Frau daher, ob sie kürzlich eine Injektion erhalten hätte. Sie gab an, sich aufgrund ihrer Schwäche und Nervosität eine Adrenalin-Spritze gegeben zu haben. Diesen Sachverhalt fand Dora Kunz insofern bemerkenswert, als die Farbe Grau in der Aura auf Angst und Depression, Rot hingegen auf Wut hinweist. Adrenalin wird im Körper unter dem Druck von Angst und Wut freigesetzt; und genau diese Qualitäten wurden mittels der Adrenalin-Spritze im Körper der Frau angeregt.

Die Eigenschaften, die sich im oberen Teil der Aura zeigen, sind im vorliegenden Beispiel eher nebelartig. Da das Mädchen praktisch keine Gelegenheit hatte, ihre Talente zu entfalten, sind sie nur schwach ausgeprägt. Andererseits ist die mit Abstand ausgeprägteste Farbe der Aura das kräftige Blau des Willens als Ausdruck ihres höheren Selbst. Dieses Blau strömt vom höchsten Punkt ihrer Aura herab, die ganze Wirbelsäule entlang, durch die Chakras und bis hinab in die grüne Zone. Dora Kunz war mit der Farbgebung der Bildes nicht ganz zufrieden, da das obere Blau einen helleren Ton hätte zeigen müssen als das untere. Es symbolisierte die Willenskraft, die Behinderung zu meistern und ein möglichst normales Leben zu führen.

Die grüne Zone stellt sich blass und schmal dar, da das Mädchen keinerlei praktische Arbeit verrichten konnte. Doch auch hier zeigt der breite blaue Streifen die Entschlossenheit der jungen Frau, ihren täglichen Lebenskampf zu bestehen.

Die drei blauen Bänder, die sich weiter unten parallel übereinander krümmen, verweisen ebenfalls auf die Anstrengungen, ihren Alltag zu bewältigen, aber auch auf die daraus folgenden Belastungen. Der Körper litt nahezu ständig unter Schmerzen und war völlig überfordert, sämtliche ärztliche Anweisungen immer genau zu befolgen. Da sie trotz ihrer Willenskraft ihre körperliche Behinderung nicht gänzlich zu meistern vermochte, zeigen die blauen Bänder auch das Grau der Depression.

Das große rosafarbene Feld, das unterhalb der grünen Zone seine Reflexion in einem etwas dunkleren Farbton findet, geht quer über den oberen Teil der Aura und verdeutlicht, dass das Mädchen ein sehr liebevolles Wesen besaß. Aber auch hier zeigt sich, dass die Farbe nicht ganz bis an den Rand der Aura reicht, sondern blockiert wird. Es gab für sie keine Möglichkeiten, ihre Emotionen zum Ausdruck zu bringen. Sie verfügte kaum über soziale Kontakte, die über ihren Familienrahmen oder die Ärzte hinausgingen. Ihre große Schwäche stellte eine zusätzliche Schwierigkeit dar, Gefühle zu äußern oder Kontakte zu anderen Menschen zu knüpfen.

Weil sie keine Schule besuchen konnte, verfügte sie nur über eine begrenzte Bildung, und ihr Denkvermögen erfuhr kaum eine Anregung. Die Tatsache, dass das Gelb oberhalb des Kopfes nicht bis zu den Rändern reicht, zeigt, dass die junge Frau ihre Gedanken kaum auf etwas konzentrieren konnte. Versuchte sie es, begann sie unruhig zu werden. Aufgrund ihrer begrenzten finanziellen Möglichkeiten war ihre Familie auch nicht in der Lage, ihr mehr Kontakte von außen zu ermöglichen.

Sehr viel Grau, vermischt mit Grün, findet sich im unteren Teil der Aura. Das Grün verweist auf Dinge, die sie als Mädchen zu tun versuchte, das Grau zeigt ihr Scheitern an. Die Spuren in dem Grau unterhalb ihrer Füße beziehen sich auf Erinnerungen an diese Enttäuschungen in der Vergangenheit; sie stehen für Entmutigung und Niedergeschlagenheit. Der blaugrüne Flecken auf der linken Seite der Aura in der Nähe der Füße ist die Folge einer frühen Lebensphase, in der sie körperlich in einem etwas besseren Zustand war und mehr unternehmen wollte. Das rosarote Symbol in diesem blaugrünen Feld ist die latente Erinnerung an einen Menschen, der sie seinerzeit ermutigte und sehr beeindruckte. Die blaugrüne Wolke links unten steht auch für jene frühen Anstrengungen, die leider ebenfalls erfolglos blieben. Die ganze traurige Bilanz ihres Lebens war eine lange Reihe von Versuchen und Versagen.

Dora Kunz war beeindruckt, dass das Mädchen noch den Willen besaß, sich weiter zu bemühen. Ihre unermüdliche Anstrengung hatte ihre geistigen Kräfte in einem Maß entfaltet, das weit über ihr Vermögen am Anfang dieser Inkarnation hinausging. Während der Behandlung schlug Dora Kunz ihr einfache Übungen vor, um ihre mentalen Fähigkeiten sowie ihre körperliche Kraft zu verbessern. Sie riet ihr auch zu einem Klimawechsel, ein Rat, den die junge Frau annahm und der zu einer Verbesserung ihrer Asthma-Beschwerden beitrug.

Diese Fallbeispiele, die wahllos herausgegriffen sind und natürlich nur einen Bruchteil dessen zeigen können, was die menschliche Aura ausmacht, lassen jedoch zumindest erahnen, welche Fülle an Informationen das feinstoffliche Feld des Menschen enthält. Man kann sich vorstellen, welche Revolution im menschlichen Zusammenleben es auslösen würde, wenn mehr Menschen Fähigkeiten ähnlich denen von Charles W. Leadbeater oder Dora Kunz entfalten würden. Vor allem die medizinische Diagnose gewänne eine völlig neue Dimension, was Dora Kunz in der Zusammenarbeit mit einer Ärztin bewies, als sie in Blindversuchen zuerst die Patienten hellsichtig untersuchte, um dann ihre Beobachtungen anschließend mit den ärztlichen Untersuchungsergebnissen zu vergleichen. Fast immer zeigte sich, dass die hellsichtigen Beobachtungen weiter reichten als die medizinischen Diagnosemöglichkeiten![5]

5* Vgl. dazu: Dora Kunz/Shafica Karagulla – *Die Chakras*, Grafing 1994

Die Aura – Das Tor zur Seele 7

Neue Dimensionen der Aura-Forschung

Wenn man der esoterischen Philosophie folgt, so entwickelt sich das menschliche Bewusstsein ständig weiter, seiner vom Urbeginn her in ihm angelegten göttlichen Bestimmung entgegen. Vor dem Hintergrund dieser Prämisse läge die Annahme nahe, dass auch die Erkenntnisfähigkeit der menschlichen Aura mit der Zeit eine neue Dimension hinzu gewinnen müsste. Dies scheint der Fall zu sein. Nicht nur die Physik mit ihrer Suche nach dem „einheitlichen Feld" oder die Biologie mit ihren „morphogenetischen Feldern" konzentrieren ihre Forschungen auf die „Felder". Auch die moderne Aura-Forschung ist im Rahmen einer Bewusstseins- und Wahrnehmungserweiterung auf die Existenz geistiger oder feinstofflicher Energie-Felder gestoßen. Vor allem die Veröffentlichungen von Manuela Oetinger haben die moderne „Aura-Feld-Forschung" begründet. Dabei zeichnet sich ihre Arbeit vorrangig durch eine große Lebensnähe aus. Die Erforschung der menschlichen Aura und der sie umgebenden Felder stellt für Manuela Oetinger keine esoterische Nabelschau dar, son- dern dient in erster Linie dem Menschen und der Verbesserung seiner Lebensqualität – körperlich, seelisch und geistig. Einige Beispiele mögen das verdeutlichen.

Fast jeder Menschen ist schon einmal in einer Situation gewesen, in der er bereits ge- tragene Kleidung anziehen musste. Nicht selten ging damit ein gewisses Unwohlfühlen einher. Dies hat Gründe: „Es ist sehr unangenehm, mit dem Einfluss von fremden Emotionen und Gedanken umzugehen, welche noch an den Kleidungsstücken haf- ten. Die Kleidung befindet sich beim Tragen innerhalb des Astralkörpers und wirkt unweigerlich auf diesen ein. So können auch an vererbten Kleidungsstücken oder an geschenkten Sachen aus der Verwandtschaft sehr viele Emotionen sowie fremde Ge- dankenformen hängen, die Einfluss auf den Menschen ausüben möchten. Hier kann viel Leid übertragen werden, das den Energiehaushalt des Trägers schwächt."[6] Würde

[6] Manuela Oetinger, Die Aura im täglichen Leben, Bd. 1, Grafing 2002, S.120

hier ein Umdenken einsetzen, könnte mit mehr Achtsamkeit Unheil vermieden werden.

Ein weiterer wichtiger Aspekt des Alltagslebens, der hinsichtlich seiner aurischen Aspekte zu wenig beachtet wird, ist die Ernährung. Die Einstellung, mit der Lebensmittel hergestellt und verarbeitet werden, hat einen erheblichen Einfluss auf jene, die sie verzehren. Damit gewinnt der Satz, wonach „Liebe durch den Magen geht", eine völlig neue Dimension. „Nicht nur die Liebe der Köchin oder des Kochs erreicht das Essen, im Lebensmittel selbst werden durch diese Liebe feinstoffliche Essenzen freigegeben und gespalten, welche die höheren feinstofflichen Körper im Menschen ernähren."[7] Sollte man im Restaurant das Gefühl haben, die Spannungen und den Stress der Küche im Essen zu haben, lässt sich dieser durch bewusstes Segnen der Speisen vollständig neutralisieren.[8]

Ein weiteres außerordentlich wirksames Feld, das zudem unaufhörlich neu gespeist wird, ist das „Auto-Feld". Nicht umsonst wird gelegentlich vom „Krieg auf der Autobahn" gesprochen. In ihrem Buch „Die Aura – Die Energiefelder des Menschen" behandelt Manuela Oetinger die Vorgänge auf Straßen und Autobahnen in allen Einzelheiten, wobei der Schwerpunkt ihrer Untersuchungen auf den psychologischen Faktoren liegt. „In den Breitengraden, in denen das Auto und die Art des Fahrens mehr oder weniger als Ausdruck der Persönlichkeit betrachtet wird, ist es feinstofflichen Wesenheiten eine willkommene Stätte, um von den Emotionen der Fahrer energetisch aufgeladen und somit von diesen ernährt zu werden. Diese Wesenheiten und Energiefelder ziehen in Unmengen die Strecken entlang und warten auf eine Situation, die ihnen eine Möglichkeit der Einwirkung bietet. Da sich sehr viel Aktivität auf einer gut befahrenen Straße abspielt und sehr viele Menschen dort anzutreffen sind, ist dies ein geeigneter Ort für viele Einheiten, um auf Gelegenheiten zu warten, in denen Machtstreben, Besser-Sein-Wollen und Besitzgier der Menschen zur Auswirkung kommen. Die Einheiten dringen in das aurische Feld von Fahrerinnen und Fahrern ein, initiieren Emotionen und aktivieren diese Bereiche durch bestimmte Einflüsterungen, die speziell auf die persönliche Ausrichtung des Betreffenden wirken."[9] Auf den Straßen könnte mancher Unfall vermieden werden, wenn die Fahrerinnen und Fahrer auf die langsam aufsteigende innere Aggression achten, sie im Keim ersticken beziehungsweise sie bewusst transformieren würden. Die Wirksamkeit des „Auto-Feldes"

[7] ebd., S.154
[8] vgl. ebd., S.155
[9] dies., Die Aura – Die Energiefelder des Menschen, Grafing 2003, S.114 f.

kann in seiner Stärke gar nicht hoch genug veranschlagt werden. Wer sich bewusst von diesem Feld befreien möchte, der sollte einmal darauf achten, was psychologisch geschieht, wenn man auf der Autobahn in voller Absicht und Wachheit mit 100 Km/h auf der rechten Spur fährt!

Die menschliche Aura ist das Verbindungsglied zwischen der physischen Welt und den feinstofflichen Ebenen. Sie ist gewissermaßen das „Tor zur Seele". Von daher reagieren alle Erdenwesen gegenwärtig mit großer Intensität auf die planetarische Transformation, durch welche die Erde zur Zeit läuft. „Es strömen wunderschöne Lichtenergien ein, und hohe Wesen befinden sich in unmittelbarer Nähe der Erde, doch gleichzeitig werden auch die noch dunklen Muster und Wesenheiten aktiviert, da sie spüren, dass ihnen bei einer Erhöhung der Erdenschwingung der Nährboden, also ihr Überleben innerhalb ihrer Gesinnung, genommen wird. Sie beginnen zu kämpfen und verstärkt einzugreifen, was zu großen Unruhen führt. Mit der Stärke, mit der die globalen Energiefelder und Wesenheiten berührt werden, werden auch die individuellen Strukturen in der Aura des Menschen aktiviert. So sind dem Menschen derzeit große Möglichkeiten der inneren Reinigung und der Verbindung mit den höchsten Kräften gegeben.

Auch die Körperebene wird zur Zeit in ihrer kompletten Struktur umgestellt. Die Chakras werden nicht mehr nur aufnehmen können, sondern auch abgeben. Die Wirbel verändern und vergrößern sich, und die Anzahl der Chakras erhöht sich. Auch viele genetische Codes, die bisher blockiert waren, befinden sich in der Veränderung; und mit der kompletten Zellstruktur werden alle Körperebenen stärker durchlichtet."[10]

Die großen Veränderungen, die sich auf der makro- und auf der mikrokosmischen Ebene vollziehen, werden auch zu einer sichtbaren Veränderung der menschlichen Aura führen. Von daher sollte man davon ausgehen, dass die hier vorgelegte Studie einen guten Überblick über den gegenwärtigen geistigen Entwicklungsstand des Menschen gibt, aber die zukünftige Generation mag bereits wieder völlig veränderte Aura-Muster aufweisen.

Eine uralte Menschheitsweisheit wird aber auch dann noch Bestand haben: „Liebe erlöst – nicht das Denken!"

---

[10] dies., Die Aura - Das Tore zur Seele, Grafing 2002, S.217 f.

Empfehlenswerte Literatur

Erhard Bäzner	– Die Naturgeister
Ymelda Hamann-Mentelberg	– Die heilige Botschaft der Blumen
Geoffrey Hodson	– Die Engel und die Entwicklung des Lebens
Dora Kunz	– Die Aura
	– Die Chakras
	– Im Reich der Naturgeister
Charles W. Leadbeater	– Gedankenformen
	– Die Chakras
	– Der sichtbare und der unsichtbare Mensch
	– Das höhere Selbst
	– Die Meister und der Pfad
Dorothy Maclean	– Du kannst mit Engeln sprechen
Manuela Oetinger	– Die Aura – Die Energiefelder des Menschen
	– Die Aura – Das Tor zur Seele
	– Die Aura im täglichen Leben, Band 1
	– Die Aura im täglichen Leben, Band 2
	– Karma und Freiheit
Arthur E. Powell	– Der Ätherkörper
	– Der Astralkörper
	– Der Mentalkörper
	– Der Kausalkörper
Gisela Weigl / Franz Wenzel	– Der entschleierte Tod
	– Die entschleierten Gedanken
	– Die entschleierte Aura